THE GENERAL THEORY OF THE
TRANSLATION COMPANY

翻译公司基本原理

[美] 雷纳托·贝尼纳托
[美] 塔克·约翰逊 /著
颜丽篮 韦忠和 /译

图书在版编目（CIP）数据

翻译公司基本原理/（美）雷纳托·贝尼纳托，（美）塔克·约翰逊著；颜丽篮，韦忠和译. －－北京：知识产权出版社，2021.10

书名原文：The general theory of the translation company
ISBN 978-7-5130-7715-6

Ⅰ.①翻… Ⅱ.①雷…②塔…③颜…④韦… Ⅲ.①翻译－工作－研究 Ⅳ.①H059

中国版本图书馆CIP数据核字（2021）第195867号

英文原著版权所有©2017雷纳托·贝尼纳托和塔克·约翰逊

保留所有权利。未经版权人书面许可，不得以任何形式或任何电子或机械方式（包括信息存储和检索系统）复制本书的任何部分，但引用部分章节内容的书评者除外。

责任编辑：卢媛媛　　　　　责任印制：刘译文

翻译公司基本原理
FANYIGONGSI JIBENYUANLI

［美］雷纳托·贝尼纳托　　［美］塔克·约翰逊　著
颜丽篮　韦忠和　译

出版发行：知识产权出版社 有限责任公司	网　址：http://www.ipph.cn
电　话：010-82004826	http://www.Laichushu.com
社　址：北京市海淀区气象路50号院	邮　编：100081
责编电话：010-82000860转8597	责编邮箱：luyuanyuan@cnipr.com
发行电话：010-82000860转8101	发行传真：010-82000893
印　刷：北京中献拓方科技发展有限公司	经　销：各大网上书店、新华书店及相关专业书店
开　本：880mm×1230mm　1/32	印　张：6.75
版　次：2021年10月第1版	印　次：2021年10月第1次印刷
字　数：162千字	定　价：52.00元
ISBN 978-7-5130-7715-6	
京权图字 01-2021-4831	

出版权专有　侵权必究

如有印装质量问题，本社负责调换。

不会让你厌烦的

语言服务行业第一书

雷纳托 ——
感谢我的母亲艾莉,
是她让我向往世界。
感谢我的孩子索菲亚和卢卡,
是他们激励着我不断前进。

塔 克 ——
感谢我的妻子奥文,
陪我度过撰写此书的许多深夜。
感谢我的孩子康纳和盖瑞,
他们是我逐梦路上的灵感源泉。

专家推荐

长期以来,翻译与本地化等语言服务公司存在数量多、规模小、竞争激烈、抗风险差、服务能力弱等问题,这种现象是公司定位不明、管理不善、缺乏创新等问题的集中体现。如何改变这种现象呢?

国际语言服务行业资深人士雷纳托和塔克的《翻译公司基本原理》进行了深刻的行业洞察,创造性构建了语言服务公司运营理论,从市场影响因素、支持活动、核心功能层次总结了语言服务公司生存和发展之道。提出了语言服务价值链的概念,列出了语言服务公司为客户创造价值的途径和方式。

本书中文版的出版有助于提升语言服务企业的管理运营能力,促进语言服务行业的健康发展,也是高校翻译专业师生良好的学习材料。

——崔启亮

对外经济贸易大学副教授

国际语言服务与管理研究所副所长

中国翻译协会本地化服务委员会副主任

2003年由于一个咨询项目认识了雷纳托，当时他是CSA的联合创始人。后来在行业会议上与他时常见面，逐渐熟络了起来。雷纳托在语言服务行业有着丰富的经验，开会的时候常常发言，时而风趣幽默，时而语出惊人。当得知他和塔克写了此书，一出版就迫不及待地入手研读。因为我知道雷纳托一定会有独到之处。果不其然，跟随作者的笔触，我在从业二十年后，又得以将语言服务公司经营的方方面面进行了一个全方位的审视，尤其是书中对语言服务价值链的分析，令人拍案叫绝。书中很多理念其实并不陌生，在各种经营管理书籍中并不鲜见，但如此系统地、针对语言服务行业经营实践进行阐述分析的专著，恐属业内唯一。非常高兴看到此书能有中文版推出，在此郑重推荐给同行们。

——赵杰

博芬软件联合创始人，总裁

诚如书名所言，这是一本介绍基本原理的书，作者将几十年的丰富经验和观察思考凝结成一个简单的原理图。所讲的道理浅显易懂，却又振聋发聩。就像作者希望的那样，本书很有可能成为行业经营理论的奠基之作，今后被人们不断地引用分享。

此书应当被列为语言服务行业入门必读书的第一本。无论是企业的管理者，各级经理，还是从事某项具体工作的同仁，强烈向您推荐您此书。

——毛海军

语言服务行业的咨询者，培训师

近年来，在 AI 技术驱动之下语言服务行业的生产力和生产关系发生了重大变化，行业呈现出前所未有的新格局。然而，当代的翻译研究未能对新时代中诸多新现象、新问题给予足够的重视，一直滞后于行业发展。本书不仅有助于从业者全面了解语言服务行业，也有助于翻译研究者深入了解行业市场构成、要素关系以及生态状况，进而拓展传统翻译研究内容，完善当代翻译研究体系，促进翻译研究和翻译教育与语言服务行业的与时俱进。

——王华树
北京外国语大学高级翻译学院

不管你对本地化行业了解多少，你定会从本书获益良多。作者深入浅出，用浅显幽默的语言将他们对行业的洞察和灼见娓娓道来。本书绝对物超所值，会成为你在本行业打拼的动力。

——Michael Stevens
Translated 副总裁

语言服务行业最好的书籍之一！不是干巴巴的科学理论，而是旁征博引、生动有趣。作者很好地阐释了行业基本概念和翻译公司所提供的价值。他们对行业供应链的观察和供应链中每个环节价值的说明很给人启发。

——Jordan Evans
Language Network 总裁

作者分享了对翻译和本地化行业的洞察和真知灼见。对于想入行的人来说，本书提供了行业运作的概况。如果你已在这个行业，本书将给你带来全新的视野。

——Marina Ilari

Terra Translations 总裁

这本书不仅对业内人士很有价值，对于即将入行的人士比如翻译和本地化专业的学生也很有价值。

——Dr. Joanna Gough

英国萨里大学（University of Surrey）翻译学博士，教授

译者序

　　人类的翻译活动伴随着语言的诞生而存在，关于翻译的各种实践总结、研究论文和专著千千万万。但规模化的商业翻译服务从诞生到现在，只有不到百年的历史。语言服务行业历史虽短，但发展势头很强。根据行业权威调查，全球语言服务年产值已接近 500 亿美元。

　　语言服务行业在中国起步较晚。中国第一家翻译公司——中国对外翻译出版公司成立于 1973 年，改革开放之后，翻译公司才雨后春笋般出现。根据《2019 中国语言服务行业发展报告》，截至 2019 年 6 月底，营业范围含有语言服务的中国在营企业有 369 935 家，其中以语言服务为主营业务的在营企业有 9734 家。但是，这样一个蓬勃发展的新兴行业，没有一本专门介绍语言服务行业存在的原因及其运行的一般规律的图书。

　　《翻译公司基本原理》的作者雷纳托和塔克是富有远见的本地化专家、专业的逆向思维者。雷纳托起步于巴西，从事过自由译者、供应商管理、销售和营销的工作，又创办了翻译公司并担任首席执行官（CEO），发展壮大后出售了公司。他到美国后，联合创办了行业最知名的咨询公司Common Sense Advisory。近年来，他创办了行业又一知名咨询公司Nimdzi Insights。他热衷于传道授业解惑，将自己丰富的行业知识传授给他人，帮助其他公司成长。

《翻译公司基本原理》凝聚了雷纳托和塔克在多年的行业实践和认知中获得的真知灼见，诚如他们自己所说，这是一本"不会让你厌烦的语言服务行业第一书"。本书以生动活泼的语言，总结了翻译公司生存、发展、壮大的原因和基本规律，并从这些规律出发推演出翻译公司经营中的基本原则，以期进一步指导实践。

如果你已经是行业资深人士，那么将有机会以全新视角看待语言服务行业！本书将帮助小企业主了解如何更好地发展业务，激励想要涉足语言服务行业的新老企业家们做强公司。本书将有助于语言服务提供商（LSP）的每一位员工更好地了解如何为本地化流程增加价值。它激发好奇心，提出问题却又不会提供所有答案；它提供一种共同语言，帮助我们提出更好的问题。无论你是业内资深人士、年轻企业家、语言服务采购方、投资者，还是翻译专业的学生，只要你有兴趣了解行业的生存与发展之道，本书都能激发讨论，促进交流。

我与本书作者雷纳托认识多年，我们常在行业会议上碰到。行业的重要会议上，总会有他的发言，他的行业洞察力和见解，总是让人受益匪浅。当我提出将这本书引进给中国的读者，他欣然接受并委托我们翻译出版中文版。

本书的翻译，得到了东南大学 MTI 中心郭庆主任和沈志贤、潘盼、赵颖聪三位同学的大力支持；崔启亮、毛海军、赵杰、王华树等行业知名人士审阅译稿并提供了宝贵意见。在此一并表示衷心感谢！

厦门精艺达翻译服务有限公司　韦忠和
2021 年 1 月

目 录
CONTENTS

介绍 001
欢迎来到语言服务行业! 001
提出翻译公司基本原理 005
市场影响因素介绍 009
支持活动介绍 010
核心功能介绍 012

第一部分　奠定基础

概述 017
定义语言服务行业 017
行业结构 018
确定利基市场 021
用少量信息来支撑经营 032

五大市场影响因素 038
新进入者的威胁 040
替代品的威胁 056
顾客议价能力 072
供应商议价能力 081
行业竞争 088
确定利基市场 099

/ 目 录

第二部分　行动起来

八大支持活动 ……………………………………… 103
管理 …………………………………………………… 106
文化 …………………………………………………… 108
结构 …………………………………………………… 110
财务 …………………………………………………… 114
设施 …………………………………………………… 116
人力资源 ……………………………………………… 119
技术 …………………………………………………… 120
语言质量保证 ………………………………………… 123

三大核心功能 ……………………………………… 127
核心功能：供应商管理 ……………………………… 131
核心功能：项目管理 ………………………………… 147
核心功能：销售 ……………………………………… 164

写在最后 …………………………………………… 186

致谢 ………………………………………………… 188

词汇表 ……………………………………………… 190

介 绍

欢迎来到语言服务行业！

如果你已经是行业资深人士，那么将有机会以全新视角看待语言服务行业！我们在语言服务行业这块宝地收获了许多乐趣，希望你也一样。这是迄今为止世界上最迷人的行业，何不加入我们？本书作者雷纳托和塔克将人生数十载的宝贵光阴献给了本地化行业。对我们来说，本地化不仅是一份工作、一种职业，也寄托了我们的热爱，融入了我们的生活。地球上没有任何其他工作可以转移我们的注意力了（事实证明"太空牛仔"游戏除外）。

我们撰写本书有两个原因：提供指导和享受乐趣（两者并无轻重之分）。

为什么要指导？指导什么？我们想要指导哪一些人？让我们稍作解释。

通常来说，翻译如同厕纸，只有需要的时候才会被人们想起，也没有人真正知道它的成本。这使得语言服务行业在数十年来大隐隐于市，默默无闻地奉献，助力客户成就一番事业后便退居幕后。

但现在，行业正在发生变化。有些业内人士知道这并不新奇，因为这个行业总是在变化。只是，现在情况有所不同：来自行业外的人士都注意到，翻译行业开始走向成熟。他们对此非常感兴趣。

越来越多的公司开始着眼于全球化经营，每天都有新的面孔进入这个行业。然而如果回溯到石器时代，当人类开始从事本地化工作时，没人主动选择进入这个行业。在乔治·布什上任前，如果询问任何一个在本地化行业工作的人，问他们是怎么进入这个行业的，大多数人只会耸耸肩，给你一个微笑，然后说："这是一段有趣的故事，当时……"这个时候，你就该溜之大吉了。赶快溜。无论他们说什么，总之不会是一个有趣的故事。这个故事肯定又臭又长。

原因是以前本地化行业并不成熟，人们对它也兴趣索然。过去，人们自然而然地就进入了这个行业。而现在，进入这个行业却要努力一番。过去，没有学生梦想着长大后成为本地化项目经理。而如今，多样化的大学课程和学位可以帮助年轻有为的语言服务专业人士做好准备，开启本地化职业生涯。

语言服务行业不是由某一个人或某一家公司创立的。这个行业历经千年，逐渐演变成今天的样子，而这种变化几乎是浑然天成的，直到今天，仍在继续。

现在，我们正见证语言服务行业的青春期。外界人士开始主动了解翻译行业的大牛，而不是等到他们陷入法律纠纷，被新闻报道才广为人知。

随着语言服务行业的发展，显然我们需要填补行业空白，特别是对于刚开始从事这行的年轻企业家们，或是对语言服务提供商（LSP）背后的故事感兴趣的行业外人士。对于这些感兴趣的人来说，语言服务行业缺少单一的信息来源。在其他行业极为丰富的基础信息，在语言服务行业似乎无处可觅。

为了实现"指导"目标，我们希望为语言服务行业带来与其他行业同等程度的信息和存在感，这在其他行业可谓标配。对于一本书来说，这个目标太过于雄心勃勃了，但我们预测，在未来的日子里，我们将看到越来越多有关语言服务的信息。最终，这本书将会是行业内的沧海一粟。尽管如此，我们仍希望尽早出版此书，进而影响行业中教授、分享、学习信息的方式，哪怕这种影响力微乎其微。

写这本书的第二个原因是享受乐趣。我要再次强调，我们真的很热爱语言服务行业。本书可以视作我们最满意的一次尝试，借此机会抒发我们对本地化及所有相关事物的满腔激情与热忱。如果引用诗意的表达，我们会把本书称作"写给语言服务行业的情书"。我们俩都不擅长长时间专注于一件事，但不知何故，却都在这个行业中坚持了相当长一段时间，这就说明现在的工作仍然可以带给我们无穷乐趣。语言服务业的工作永远不会索然无趣！

所以我们并不羞于承认，出版这本书在很大程度上也是出于我们的私心。我们可以声称，我们有责任与世界分享经验，但说实话，我们也希望从中获得乐趣，这对我们来说似乎只是一个简单的小挑战！请务必提前了解我们的动机，因为它无疑会影响你阅读本书的方式。

理由是，即使本书包含很多实用信息，它也不是教科书。它既没有写成教科书，也不应该被视为教科书来阅读。教科书枯燥乏味。教科书没有激情。那这本书呢？这是我俩——雷纳托·贝尼纳托和塔克·约翰逊的心血。如果没有对语言服务的热情，我们就无法写出这本书。此外，我们喜欢简单的短句。真的是很短的句子。容易写。容易读。非常容易。知道了吗？从这个角度来看，本书的确不适合作为教科书。

在书中，我们尝试着以不那么枯燥无味的方式向渴望学习的人们提供有关语言服务行业的信息，但有些章节可能需要撰写得比其他章节"干涩"一些。我们鼓励读者忍耐一下。难啃的骨头上总会有些肉，而我们会尽可能让这些肉吃起来可口一些。

塔克！我终于要写书啦！	雷纳托，我猜你是不是需要个帮手，因为你又开始三心二意了。 …… 你还在听吗？	天哪……我也是个作家了！ 好吧，我会帮忙的。

我们不会教你如何管理词汇表或如何使代码国际化。不会讨论如何运行第三方质量保证审核，管理网站本地化项目或设置现场口译项目。本书内容不是关于"如何实施本地化"的，而是关于"什么是语言服务行业"，最重要的是，"语言服务行业存在的原因"。市面上已经有很多更无聊的书籍，乐此不疲地照搬超过 500 页的本地化最佳实践。因此，如果你对"如何实施本地化"感兴趣，那么你可能需要另寻别处了。但是，赚钱不易，考虑到你可能已经为本书花了钱，我们建议你还是继续往下读，看看能学到些什么。

本书将帮助小企业主了解如何更好地发展业务，也将激励想要涉足语言服务行业的新老企业家们。本书将有助于 LSP 的每一位员工更好地了解如何为本地化流程增加价值。它激发好奇心，提出问题却又不会提供所有答案，但它将提供一种共同语言，帮助我们提出更好的问题。在语言服务行业这一地球上最迷人的行业中，无论你是业内资深人士、年轻企业家、语言服务采购方、投资者，只要你有兴趣了解行业的生存与发展之道，本书都能激发讨论，促进交流。

提出翻译公司基本原理

你肯定听过凯恩斯的名字吧？约翰·梅纳德·凯恩斯是现代最有影响力的经济学家，你可能对这个名字已经有所耳闻。当你在聚会上听到有人谈论凯恩斯主义经济学时，你的知识储备可能不足以让你谈笑风生。但是你听说过这个名字，这就够了，你可以微笑、点头，然后给自己找个理由，加入更感兴趣的谈话中去。

别担心，我们不会过分关注这个话题。你只需要知道，凯恩斯在1936年发表了《就业、利息和货币通论》（又称"TGTEIM"，但除了我们之外没有人会这么称呼），因此名声大噪。从那以后，人们对他的讨论不绝于耳。凯恩斯的理论奠定了接下来一个世纪经济学讨论的基调。它挑战了长期处于统治地位的古典经济理论，并试图掀起经济研究的革命。

不是每个人都认同这一理论，但人人都在谈论它。这样一来，谈话内容不局限于现状，而是开阔了人们的眼界，以一种全新的方式来看待一门由来已久的学科。

我们希望学习凯恩斯在经济学领域的做法，促成语言服务行业内的变化。尽管此举缺乏谦逊和自知之明，但我们毫无歉意。我们在此郑重介绍《翻译公司基本原理》。请鼓掌欢迎。本书涵盖了诸多方面。

我们的理论并非全新。但是，我们首创了一些新概念，重用了一些现有理念，又从其他领域借用了一些理论。《翻译公司基本原理》一书源于雷纳托的灵光一现。几年前的一次晚宴上，一位希望深入了解语言服务行业的同事和他交谈，激发了他的灵感。雷纳托拿出餐巾纸，草草写下了理论的关键部分，也就是我们在本书提及的市场影响因素、支持活动和核心功能。

后来，雷纳托打算将这些观点进一步发展，形成正式的理论。在卡门森斯顾问公司（Common Sense Advisory，CSA）工作期间，以及在那之后的几年里，他不断努力。当雷纳托和塔克联手撰写本书时，塔克提出了自己的想法和经验，进一步完善了该理论。但翻译公司基本原理的核心基本上与几年前第一次写在鸡尾酒餐巾纸上的相同。概念已经梳理清晰，结构也做了一些调整，但基本原则并没有改变。基本原则没有必要改变，因为它们经受住了时间的考验。

本书的价值并不在于它提供了新信息，而在于它以一种新的方式呈现信息，从而使我们能够以批判性的视角看待语言服务行业及我们在行业中的位置。这也许不会引发一场革命，但能够抛砖引玉，促成对语言服务行业的批判性分析，而这事早就该做了。我们需要在行业中开始新一轮讨论，而本书就为这种讨论提供了框架。

接下来，我们将研究语言服务行业和"翻译公司基本原理"的三个组成部分，即市场影响因素、支持活动以及核心功能。在结束关于市场影响因素的讨论后，我们进一步缩小讨论范围，着眼于LSP及其在这个生态系统中的运作模式。在随后的章节中，我们聚焦LSP的核心功能以及这些功能如何为语言服务价值链增值。不过，首先还是让我们简要概述本书，为你提供一些阅读本书亟须的背景信息。

从图 1 可以看出，本书分为三个独立的组成部分，从外部的市场影响因素模型开始，接着向内涉及支持活动，最后是中央的核心功能。

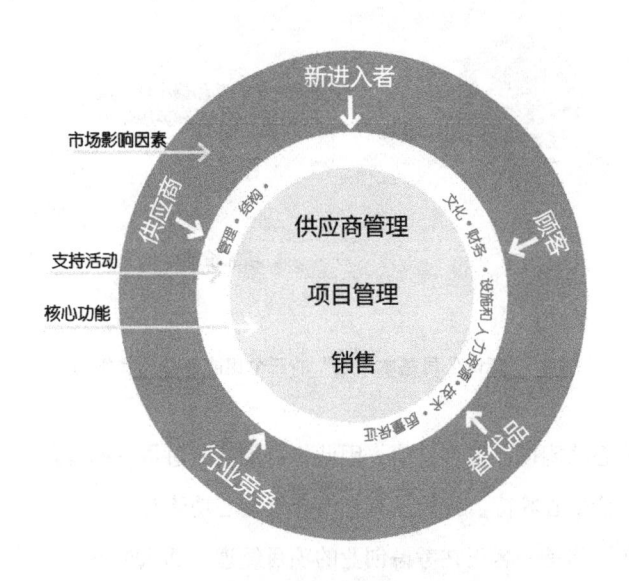

图 1 "翻译公司基本原理"的可视化描述

这种从外向内的流程是我们有意为之的。成功的 LSP 总是采用这种方法，从市场分析开始着手，然后利用这些信息来设置支持活动和结构，确保其核心功能能够增加最大的价值。除此之外的任何处理顺序都是本末倒置。

对市场影响因素的评估揭示了导致风险和机遇的力量。接下来，市场影响因素将被用于定义和确定支持活动，以最大限度地降低风险并最大限度地创造机会。最后，核心功能是指由 LSP 执行以增加价值的活动（见图 2）。

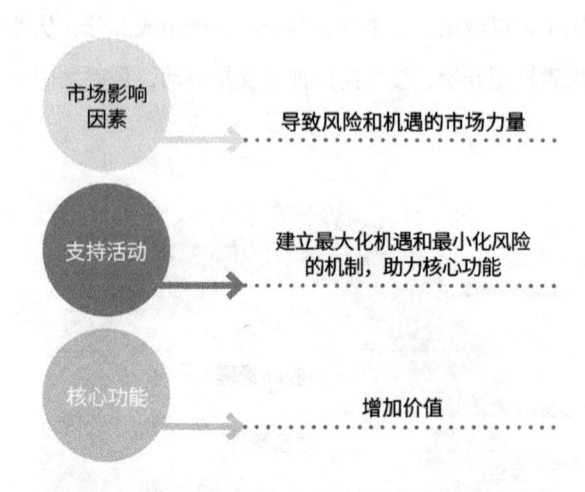

```
市场影响因素  →  导致风险和机遇的市场力量

支持活动  →  建立最大化机遇和最小化风险的机制，助力核心功能

核心功能  →  增加价值
```

图 2 "翻译公司基本原理"的三个组成部分及其作用

核心功能可以创造价值，因此你可能会跳过本书的其他章节。但是，请耐心等待。我们没有直接介绍核心功能乃事出有因。

如果你是一名正在考虑创业的项目经理，那么你不可能马上通过"项目管理"来获得财富和名望。你需要慢下来，确保从战略层面思考，将基础设施建设纳入考量，实现业务规模化。而这一切都始于评估市场影响因素。同样，如果你没有确定和维护必要的支持活动来支撑你的核心功能，你将发现难以实现价值，企业很快就会破产。

或者你可能已经是现有 LSP 的所有者或 CEO 了，公司正在积极成长；也许你担心公司可能无法保持成长，所以希望及时为团队的成功奠定基础。通过运用《翻译公司基本原理》中的理论，你可以评估运营领域的竞争态势，落实公司需要的战略和结构，实现可持续增长。

市场影响因素介绍

> **五大市场影响因素**
>
> 1. 新进入者
> 2. 替代品
> 3. 顾客的议价能力
> 4. 供应商的议价能力
> 5. 行业竞争

市场影响因素是指塑造语言服务行业的五大力量：新进入者、替代品、顾客的议价能力、供应商的议价能力，以及行业竞争。顾名思义，市场影响因素基本上不受任何单个 LSP 的控制。控制或驯服这些市场力量不是我们的工作，我们的任务是对其进行观察和分析。我们在书中花了很长篇幅探讨这个主题，因为它对 LSP 的成功至关重要。这是我们理论的第一部分，它为后续关于支持活动和核心功能的讨论奠定了基础。

研究和评估市场影响因素就像在启航前阅读潮汐图并查看天气预报一样。你可能是世界上最好的水手之一，拥有有史以来最坚固的船，但确保知道洋流方向仍然很重要。

市场影响因素评估在很大程度上是一项智力活动。不需要任何决策或行动，只需评估。就像任何分析一样，只有能帮助你做出决策和行动的评估才有真正的价值。它提供确定 LSP 结构所需的信息，而这些信息将体现在公司高级管理和其他支持活动的设置和维护中。

支持活动介绍

> **LSP 八大支持活动**
>
> 1. 管理
> 2. 结构
> 3. 文化
> 4. 财务
> 5. 设施
> 6. 人力资源
> 7. 技术
> 8. 质量保证

　　本书将支持活动定义为旨在使你的核心功能增值的活动或功能。在完成对市场影响因素的讨论后，我们会讨论支持活动，这是因为，构建和开展支持活动应该以市场影响因素评估结果为依据。通过市场评估并确定利基市场，可以做出战略性决策，决定对支持活动的投资重点和数量，从而加强核心功能。

　　支持活动本身不会对语言服务价值链做出贡献，但在某种程度上它们确保核心功能增值。可以说，正是这些活动、流程、结构、设施和服务为核心功能增值创造了环境。

> 支持活动并不会给语言服务价值链带来直接的贡献。

由于我们已经明确表示，支持活动不会直接增加价值，因此，其对 LSP 的重要性很容易被弱化。但请记住，能增值的核心功能不可能与世隔绝，它们需要适当的生存环境。支持活动创造并维护这种环境，助力核心功能发挥作用。

举例来说，想象一位因为没有 IT 部门就没有工作电脑的项目经理，或者是因为供应商没有获得报酬而无法招募任何人的供应商经理。如果没有财务部门支付拜访客户的费用，那么销售人员又能够正常工作多长时间呢？说支持活动不增加价值并不是说它们无关紧要。没有这些支持活动，一切都无法实现。

支持活动不和任何特定角色绑定。一个人完全可以执行多项支持活动。例如，小型 LSP 老板可以在没有任何其他帮助的情况下承担会计、人力资源管理和其他功能。在较大的公司中，可能有多个部门负责这些功能。规模大小只是不同 LSP 的区别之一。当然，不同的公司可能有不同的策略或在独特的利基市场运营。

我们会详细讨论 LSP 所需的七项必要支持活动。因为每个 LSP 都各不相同，这个列表并不能面面俱到，但它展示了对大多数 LSP 而言更重要的支持活动。

核心功能介绍

> **三大核心功能**
>
> 1. 供应商管理
> 2. 项目管理
> 3. 销售

三大核心功能分别是供应商管理、项目管理和销售。它们是 LSP 赖以生存的功能，是增加价值的环节。如果说支持活动使 LSP 有了存在的可能，那么核心功能就使 LSP 有了存在的必要。

项目管理是 LSP 最重要的功能，这并不代表其他核心功能（或支持活动）不重要，而是强调项目管理有可能最大限度地影响 LSP 增加语言服务价值链价值的能力。

> 核心功能是语言服务价值链的土豆和牛肉核心。

现在让我们花点时间讨论大家心知肚明却又避而不谈的问题吧。你可能想知道为什么本书将销售分类为核心功能而非支持活动。销售怎么会为顾客增加价值？销售不是帮 LSP 赚更多钱吗？或者你可能认为质量保证肯定会增加价值，你甚至可能认为质量是增加价值的唯一因素。难道不应该将其重新分类为核心功能吗？别担心，你可能有的所有疑问都会得到满意的解答。本书的第二部分更深入地解释了该主题，因此你需要耐心了解更多信息。现在，我们会克制住提前剧透的冲动——我们可不想破坏你对结局的期待。在我们谈论增加价值之前，我们需要从整体上看待市场。让我们急事先办。

这也是本书分为两个主要部分的原因。在第一部分中，我们介绍语言服务价值链，提供关键背景信息，帮助你评估市场影响因素，确定利基市场，为创立既有竞争力又能盈利的 LSP 打下坚实基础。在第二部分中，我们详细介绍 LSP 是如何确定支持活动和核心功能，从而增加价值，保持盈利。

请记住，无论你是翻译人员、项目经理还是 CEO，你都可以在语言服务价值链中发挥作用。LSP 的主要工作是增加价值。通过了解本书的三个组成部分，你将更好地理解你在实现增值目标中所扮演的角色。所以请坐正，集中注意力，让我们进入正题。

THE GENERAL THEORY OF
THE TRANSLATION COMPANY

第一部分 ／ 奠定基础

概 述

定义语言服务行业

当我们讨论语言服务行业时,我们究竟在谈论什么呢?我们需要花一点时间来解释一下,因为也许本书的一些读者是行外人士或是刚入行。即使你是业内资深人士,我们也必须在进一步讨论之前构建讨论框架,以确保我们在同一频道上。

为了定义语言服务行业,我们首先定义这个广义范畴中包含的服务。严格来讲,语言服务包括处理任何与语言相关的东西(我们不想把事情搞得太复杂)。我们意识到这个定义非常广泛,考虑到这本书的目的,我们将进一步提炼这个定义。语言服务行业包括与帮助语言服务采购方(LSB)调整或创建内容、产品或服务,从而更好地参与全球市场竞争的所有相关业务。其中包括:翻译;国际化;本地化;口译(面对面和通过电话);全球市场研究;多媒体改编,如旁白、配音和字幕;营销和品牌本地化;国际咨询;软件本地化和相关服务;测试……这一长串清单可以一直列下去。

为了充分了解不同的服务及提供这些服务的公司,我们将在本节中简要讨论行业中主要的服务提供商类别。这些说明和插图只是概况，可能无法准确反映你当前的定位或产品。请记住，本地化服务行业非常复杂，千变万化。要列出 LSP 迭代的一小部分，甚至可能需要千页篇幅，没人愿意写，也没人愿意读。

那么，我们在行业中发现了哪些不同类型的提供商呢？

- 大型多语种语言服务提供商（大型多语种 LSP，MMLSP）
- 多语种语言服务提供商（多语种 LSP，MLSP）
- 区域性多语种语言服务提供商（区域性多语种 LSP，RMLSP）
- 单语种语言服务提供商（单语种 LSP，SLSP）
- 自由职业者或签约译员（CLP）
- 语言技术提供商（LTP）

行业结构

正如字典中有各种单词那样，语言服务行业中也有许多不同类型的服务。这些单词能写出多少种句子，服务提供商和其他主要参与者就有多少种类。在本节中，我们将讨论行业中的各类主要参与者，首先看一下语言服务价值链、语言服务采购方，然后将视线转向服务提供商，包括多语种语言服务提供商（大型多语种 LSP、多语种 LSP 和区域性多语种 LSP）、单语种语言服务提供商（SLSP）、自由职业者或签约译员（CLP），后者可能是业内最广泛的参与者了。

语言服务价值链

这些主要参与者在语言服务价值链中相互作用，之后的章节将对此进一步讨论，在此仅做简要介绍。如图 3 所示，语言服务行业是多层次的，每一层代表另一个中间服务提供商。

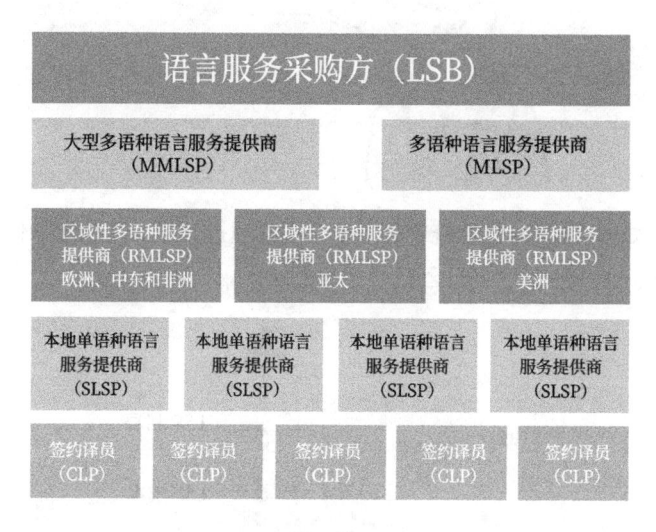

图 3 语言服务价值链

乍一看，价值链似乎过于冗长，包含了太多中间商和外包环节，毫无必要。有人可能会问，如果买方需要翻译，他们为什么不跳过中间商，直接聘请翻译人员呢？这样一来，买方就可以去除中间商环节并降低成本。其实不然，行业以现在这种方式发展的理由非常充分，我们可以运用核心功能和附加价值的概念加以说明。

我们需要预先澄清一点，LSP 不提供翻译，它们提供供应商管理、项目管理和销售。这可能会让你大吃一惊。你可能会问，如果翻译并不是语言服务公司的核心竞争力，为什么还会有人找语言服务公司提供翻译呢？答案就是：行业结构就是如此，即每个中间商或 LSP 都会增加必要的价值。

> 语言并不是语言服务提供商的核心功能！

如图4所示，价值链中的每个公司都通过其核心功能增加价值。在此过程中，每个LSP会略微提高服务价格，寻求利润。

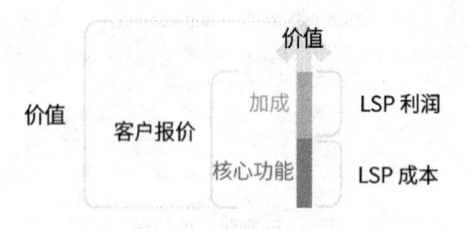

图4 价值链中的每家公司都借助其核心功能增加价值，并提高价格，寻求利润

每个环节增加的总价值也反映了（客户眼中）LSP的经验和专业知识所提供的价值，这使得客户的认知价值甚至高于支付的价格。

语言服务价值链是相互关联又存在分支的链条，在此价值链中，买方和供应商互相配合，为最终客户提供所有语言服务。在价值链底部，自由职业者通过提供译文来增加价值。随着译文在价值链逐级上移，直至交给买方，整个过程中的每个供应商都会增加价值（见图5）。因此，当译文交付至客户手中时，总价值远远高于原始译文。这一附加价值是语言服务行业的核心。正因如此，语言服务采购方乐于支付更高的价格来使用大型多语种LSP，而不是直接与翻译人员合作。

语言服务采购方

这看似很复杂,但请不要担心。随着本书的深入,我们将结合具体示例展开更细致的讨论。

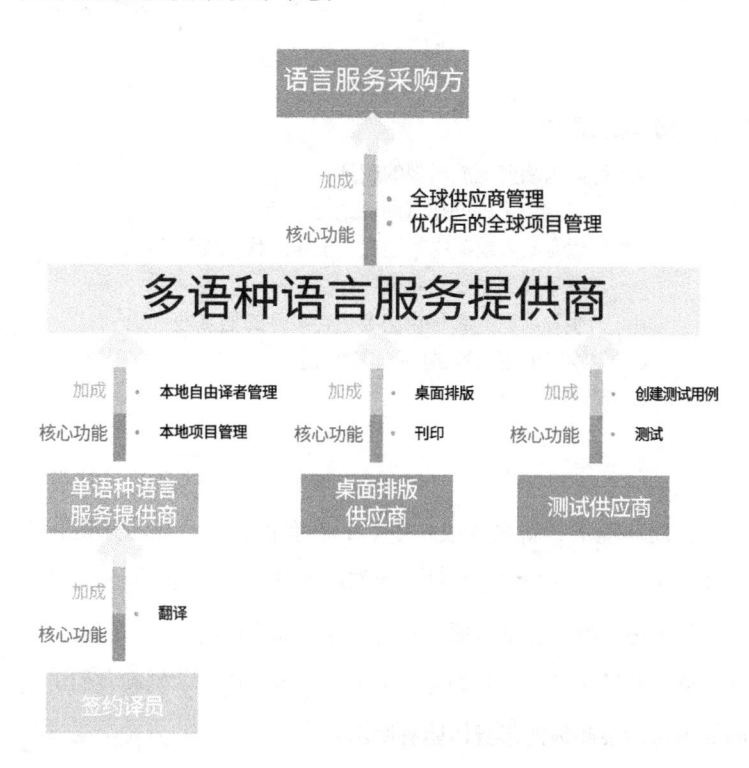

图5 行业中的每个参与者都对语言服务价值链做出贡献

确定利基市场

既然你拿着这本书,那你要么已经知道,要么快要发现语言服务行业是一个复杂而动态的环境。语言服务采购方提出特殊需求,随着时间的推移,具有创新精神的公司会开发出专门的服务来满足这些需求,这导致了语言服务行业集中度低下。任何单独一家公司都不可能凭借一己之力满足所有的要求,即使业内最大的提供商也是如此,他们严重依赖供应链来补足自己的服务。

> **利基的定义**
> a. 可以指墙壁上放雕像的壁龛
> b. 代表墙壁上的凹槽(隐蔽之处)
> c. 最适合某人或某物的地点、工作、状态或者活动,如终于找到了她的定位
> d. 为生物或者物种提供必要生存条件的栖息地
> e. 生物在群落食物链中扮演的角色
> f. 专业的市场

在此环境下,新兴或成长中的 LSP 有很多机会成功开拓利基市场。通过深耕某个需求区域,他们可以持续确保稳定的收入。

如果你目前已在语言服务行业工作,那么你的公司可能会有非常具体的利基市场。若是如此,那么本书中使用的示例和我们讲述的故事可能会和你的亲身体验有所出入。

现在让我们看一下行业的主要参与者及他们在语言服务价值链中相互交流的方式。

语言服务采购方和语言服务消费者(LSC)

我们将从语言服务价值链的顶部,即语言服务采购方和消费者开始讨论。语言服务采购方和语言服务消费者的区别在于,语言服务采购方,顾名思义是语言服务的最终采购者,而语言服务消费者

则是语言服务的最终消费者。

"语言服务消费者"是个相对简单的概念，无须大费唇舌。在当今全球经济中，语言服务消费者贡献了全球所有经济体的大部分GDP。换句话说，我们都是语言服务消费者。你，我们，隔壁邻居，卖给你这本书的人，你的婚姻顾问，每个人，无一例外。除非你生活在阿巴拉契亚山脉深处，与世隔绝，依靠小溪水和松鼠肉生存，社交生活就是在松果上画画和举办想象中的茶会，否则，我敢保证你已经消费过语言服务行业的最终产品了。

语言服务提供商和签约译员

许多人都听说过LSP一词，它代表语言服务提供商（或本地化服务提供商，这就取决于你问的是谁了）。一般而言，该术语适用于语言服务价值链中的任何公司，通过直接提供语言服务或管理语言服务供应商来增加价值。通用术语LSP可以代指从一人翻译公司到雇用数千人的多语种LSP。但是，出于本书后文讨论的目的，有必要区分行业中逐步发展的不同类别的LSP。

在过去几十年中，我们看到翻译公司从小型区域性机构发展成为大型跨国企业，从而诞生了大型多语种LSP。就像中生代开始时恐龙的崛起一样，这种现象并非发生在一夜之间。（有没有被我们丰富的恐龙知识打动？）

在雷纳托从业的早期，语言服务采购方通常会直接与翻译人员合作，雇用他们为内部员工，或聘请他们作为自由职业者或签约译员。然而就像恐龙时代遇到的情况一样，变化逐步发生了。随着时间的推移，其中一些签约译员转变为单语种LSP，后者转变为区域性多语种LSP或多语种LSP，最终升级成了大型多语种LSP——本地化王国的霸主霸王龙。

从签约译员到大型多语种 LSP 的转变不是自发的,而是由环境的变化塑造而成的,是客户不断变化的需求和其他外部市场影响因素的共同作用而驱使的。在我们的示例中,大型多语种 LSP 代表了此过程的最终结果,因此它的演变最为彻底,但其重要性与业内其他参与者并无太大差别。它可能看起来像丛林之王,但也只是语言服务这个微妙生态系统的参与者,严重依赖于系统中的其他参与者。

图 6 不仅展示了 LSP 多年来的转变过程,还揭示了公司在语言行业中的典型发展轨迹。前提是它能够持续经营并且不被第三方收购。

签约译员(CLP) 本地单语种语言服务提供商(SLSP) 区域多语种语言服务提供商(RMLSP)欧洲、中东和非洲 多语种语言服务提供商(MLSP) 大型多语种语言服务提供商(MMLSP)

图 6 LSP 可能的演变之路

接下来让我们看看业内的典型价值链,以探讨不同类型 LSP 的作用,了解它们的交互方式。我们将从价值链底部的签约译员开始讨论到价值链顶端的大型多语种 LSP。通过构建这种讨论框架,我们可以看到上述 LSP 类型如何互相成就,实现从签约译员到单语种 LSP,到区域性多语种 LSP、多语种 LSP,再到大型多语种 LSP 的自然演变。

签约译员（CLP）

　　签约译员可谓整个行业中最重要的参与者。此类别包括价值链中的任何个人贡献者，但主要由翻译人员、校对人员、撰稿人、专业营销人员、顾问和工程师组成。只要拥有能使产品内容适应全球市场要求的专业知识和技能，并且有出售服务的意愿，任何人都能是签约译员。签约译员是语言服务行业的支柱，没有这些无名英雄，一切工作都无从谈起。

　　当今行业中存在许多不同类型的签约译员，但他们基本上都有一些共同特征。一方面，许多人选择自由职业或短期合同，因为这允许他们灵活安排日程，成为自己的老板，平衡工作与生活；另一方面，有些人选择向 LSP 寻求全职或兼职工作，在极少数情况下，他们直接为语言服务采购方工作。自由职业者给自己的翻译定价，保留自己选择工作内容和工作时间的权利。许多人喜欢担任签约译员，因为可以为多个不同的客户处理多个项目，从而保持工作的新鲜感和激情。

你是自由译者吗？只要一个网站一个公司名称，你就可以由雇员变身老板！

如前所述，签约译员直接为语言服务采购方提供服务的情况越来越少见了。在 LSP 出现前，语言服务采购方曾经直接与签约译员签订合同，但随着时间的推移，语言服务采购方的需求增加了，他们开始需要更复杂的服务，如项目管理和设计，这超出了大多数签约译员的能力范围。为了满足他们的需求，行业就需要发展。一些签约译员选择继续单干，其他人选择与客户一起成长为单语种 LSP。

本书讨论的主题对每个签约译员都很有价值。如果你是对工作充满热情并享受自由职业工作的签约译员，本书可帮助你更好地了解行业的宏观市场。它为你提供了知识和信息，让你能够和更有趣的客户一起工作，实现更大的盈利。如果你有兴趣将业务模式发展为单语种 LSP 或多语种 LSP，那么本书也可以助你一臂之力。

单语种语言服务提供商（SLSP）

想象一下，时光回到 1980 年，你是一名自由译员，直接与一家热门的新兴计算机公司合作。你的新客户前景一片大好，业务蒸蒸日上，很快你就无法应对它所有的翻译需求了。这时候，你可能会：①尝试提高自己的翻译速度；②聘请一些初级译员，扩大你的翻译产能。如果选择②，你将向客户收取更高的费用。最终，你拥有了一支 20 名译员的团队，无须翻译一个字就可以从中获利。第一批单语种 LSP 正是在此情形下应运而生，而这一切都是为了响应客户不断变化/增长的需求。

单语种 LSP 构成了世界上大部分的翻译机构（这种推测当然包括了一人公司，即具有营业执照和更好品牌号召力的签约译员），主要原因在于它是业内几大可持续商业模式之一。独立的签约译员存在风险，多语种 LSP 要管理多种语言服务，间接成本高，因此单语种 LSP 就成为这两者之间的不错选择。有鉴于此，我们决定本书中的大量数据和想法将与单语种 LSP（无论大小、新旧）直接相关。

区域性多语种语言服务提供商（RMLSP）

有些单语种 LSP 不满足于提供一种语言服务。提供多种语言服务的利润空间更大，而语言服务采购方也非常乐意让供应商提供更多语言服务。总体而言，增加其他语言服务的增量成本很小，尤其是当你所处的市场具有多种语言要求，而你又能轻松获得其他语种译员的服务时。

> **区域性多语种 LSP 的作用**
> - 大多数设在使用多语言的国家（如印度）或地理集群（如巴尔干半岛语言或波罗的语族使用区）
> - 擅长小语种（需求少），如非洲本地居民语言
> - 擅长同种语言的不同方言，如拉美西班牙语的不同变体
> - 线上的区域性多语种语言服务提供商专注于不同地区中一种语言产生的方言，如葡萄牙语和巴西葡萄牙语，法语和加拿大法语

在出现可支持这种商业模式的技术和基础设施后，区域性多语种 LSP 便应运而生。例如，20 年前长途电话服务使旅行和国际通信的成本不断下降，一家位于巴西、提供葡萄牙语翻译的单语种 LSP 可以相对容易地发展出提供西班牙语翻译的能力。在欧洲，苏联的衰落意味着一些东欧的单语种 LSP 可以扩展其他东欧和中欧语

言业务，从而使其服务产品倍增。

区域性多语种LSP至今仍然存在，依然是一种可行的商业模式。无论是与多语种LSP携手，还是直接与语言服务采购方合作，这些公司都可以增加很多价值，特别是在使用多种区域语言的地区，或者当这些公司精通稀有语种的时候。例如，在东南亚地区开展业务时，多语种LSP更倾向于与一家区域性多语种LSP签约，而不是为当地数十种语言分别找到单独的供应商。

区域性多语种LSP可以在语言晦涩的地区和难以外包的地区运营。他们为自己找到了利基市场，并通过供应商管理核心功能增加价值。

更有甚者，有些语言服务采购方更愿意直接与区域性多语种LSP签订合同，原因在于他们在全球扩张战略上只关注单个区域，或希望去除中间商环节来降低成本，而这些中间商通常就是多语种LSP。然而，为了开展工作，大多数区域性多语种LSP实际上与多语种LSP签订合同，既可确保稳定且可预测的工作来源，又无须投入人力、物力去积极开发新的语言服务采购方客户和直接维护客户关系。

本书的信息有助于区域性多语种LSP更全面地了解自身所处的生态系统，以及它们为语言服务价值链带来的具体价值。专业的区域性多语种LSP是语言服务行业这一大型机器中一个非常重要的零件。

多语种语言服务提供商（MLSP）

严格来说，区域性多语种LSP就是多语种LSP（仅仅在英文缩略词前多加了一个字母）。但是，本书将"区域性多语种LSP"和"多语种LSP"区分开来，因为二者的利基市场不同，客户群体通常也不尽相同。换言之，尽管二者都是多语种 LSP，但它们很少直接竞争。事实上，"多语种 LSP"是"区域性多语种 LSP"的最大客户！

多语种 LSP 通常从单语种 LSP 或区域性多语种 LSP 发展而来，继续为其客户提供越来越多的语言服务。但是，多语种 LSP 从零开始，直接跳过单语种 LSP 和区域性多语种 LSP 的阶段，这种情况也同样司空见惯。正如我们稍后讨论的那样，语言服务行业确实没有任何准入门槛，只要你拥有计算机和客户，就可以从零开始成为多语种 LSP。

多语种 LSP 与其他 LSP 之间的关键区别在于，越来越多的语言服务采购方几乎达成共识，只跟多语种 LSP 合作，而不是和小型 LSP 或直接与翻译人员合作。这是语言服务行业多年来的一大趋势，这种趋势已经将翻译业从本地产业变成了全球产业。

> 区域化的语言服务行业现已经走向了国际化。

几十年前，如果你需要翻译，拿起电话簿就能找到一家翻译公司。这些公司几乎无一例外都是小公司，且专注于一种语言。黄页是 LSP 最好的营销工具。数百家诸如"AAA - 西班牙语翻译机构"或"零错误法语翻译"的公司充斥着广告版面，每家公司都试图在按字母顺序排列的黄页目录中占得先机。

随着技术的进步和国际商务的便利，一切都发生了变化。跨国电话线、传真机，随后是互联网和电子邮件——在此背景下，翻译公司的诞生可谓水到渠成，大势所趋。除了提供本区域内的语言服务，这些翻译公司还可以提供世界各地的多种语言服务。对于一家阿根廷的 LSP 来说，雇用一名中文翻译人员突然和雇用一名西班牙语翻译人员一样容易了。这也给最终客户带来了更多的价值，如此一来，他们不需要管理众多供应商，只需与能够处理所有本地化需求的单一供应商合作。因此，多语种 LSP 诞生了。

典型的多语种 LSP 有一个特质，即可以处理几十种语言，不受地域限制。事实上，大多数多语种 LSP 甚至不提供一组固定的语言列表，因为他们深知，借助结构化、灵活的供应商管理程序，即可有效地获取客户所需的任何语言服务。当客户询问多语种 LSP 可提供何种语言服务时，他们的标准答案就是："这取决于您的需求。"

多语种 LSP 的另一个特点是他们几乎只与语言服务采购方一起工作，很少将服务出售给其他 LSP 或行业内的其他参与者。

尽管多语种 LSP 位于语言服务价值链的顶端，但这并非表示他们始终是业内最大的参与者。毋庸置疑，这世上确实存在只有单人运营的多语种 LSP。正因如此，我们对"多语种 LSP"和"大型多语种 LSP"进行区分。

简而言之，"大型多语种 LSP"就是规模很大的"多语种 LSP"。虽然你可能很想了解"大型多语种 LSP"的准确定义，但我们不做详细讨论。归根结底，我们做出的任何区分都是随意武断的。我们可以将收入超过 X 美元、雇用了 Y 名员工的企业称作大型多语种 LSP，但这样的定义对我们的讨论无益。为什么呢？这是由于在语言服务行业中，规模无关紧要。规模是一种思维定式，当

LSP开始按当前规模定义自己时，就无意识地限制了自己的潜力。因此，我们之所以区分"多语种LSP"和"大型多语种LSP"，只是将其看作一个有用的代号，方便构建本书之后的讨论。

无论规模大小，多语种LSP在语言服务价值链中扮演着非常重要的角色。他们是整个语言服务行业的守门人。大多数的语言服务采购方都会找行业中的多语种LSP提供语言服务。

在本书中，我们使用许多示例来说明不同的概念，大部分示例都集中在多语种LSP上。出现这一情况，主要是因为多语种LSP是行业中与语言服务采购方（最终顾客），以及区域性多语种LSP、单语种LSP和签约译员中的所有其他参与者都发生关联的成员。因此，以多语种LSP为例，说明涉及整个语言服务价值链的要点，将大有裨益。

语言技术提供商（LTP）

语言技术提供商提供技术支持，帮助其他类型的服务提供商更有效地完成工作。语言技术提供商基本不在本书的讨论范围之内，但它们是行业生态系统的重要组成部分，因此值得一提。

语言技术不断发展和完善，语言技术提供商在此过程中发挥着重要作用。毫无疑问，技术变革是业界最重要的市场影响因素之一。然而，本书将避免深入探讨推动这场变革的不同类型的语言技术，因为我们撰写本书的初衷是希望以通俗易懂的内容让大多数人有所受益。如果要分析当前的技术，评价技术对行业的影响，那不出几个月，本书一定会过时，因为这个专业领域的发展速度着实迅猛。

在后续章节中，我们将更详细地讨论语言技术提供商的作用，技术和创新对市场影响因素的影响，技术在LSP支持活动中的作用，以及技术如何通过核心服务来增值。如果你目前正在为语言技术提供商工作，或梦想着有朝一日能把对技术和语言的热情合而为一，那么本书可能无法给你指点迷津。但它确实提供了关于整个行业的宝贵见解，助你了解潜在客户的购买行为，不管是签约译员还是语言服务采购方。

用少量信息来支撑经营

语言服务行业体量巨大，包含许多不同类型的LSP，所以，为了保证本书不跑题，我们不可能深入讨论细节。此外，由于可用信息有限，确实也无法深入探讨。

当论及业内我们不了解的事情时，一个悲观的人（如塔克）可能会指出信息匮乏和存在风险，但性格更乐观的人（如雷纳托）只会看到机会。但无论你怎么想，行业内可用信息不足的事实是毋庸置疑的，认识到这点，你会在开展工作时更加谨慎。无论你是在寻找第一批客户的应届毕业生签约译员，还是刚刚与大客户亲自签订了一份多年合同的大型多语种LSP的CEO，当你在市场中摸索，努力开拓自己的利基市场时，都应该做到谦恭有度，谨慎而为。

在更加深入地理解本书讨论的市场影响因素之前，让我们花一点时间来看一些限制可用信息质量和数量的因素。

缺乏局外人分析意见

不得不说，除了我们，很少有人真正了解语言服务行业。商业分析师也不例外。有的人直接放弃，因为他们不知道如何衡量这个行业，或者试图照搬其他行业的衡量标准，但这些标准有时并不适用于语言服务行业。

这意味着分析师和记者对语言服务行业的报道并不充分。因此，人们赖以了解陌生行业的信息渠道在语言服务行业并不存在。在撰写本书时，只有少数出版物和咨询机构尝试满足我们的需求，但他们所提供的信息达不到像科技行业或汽车行业那样的水平。

> 为了满足市场对于基本信息的需求，本书是我们的首次尝试。

这是一个两难境地。没有人报道这个行业，因为人们对其只是略知一二，而人们之所以对其只是略知一二，又是因为缺乏相关报道。这意味着唯一传播行业消息的人员将是懂行的业内人士。而这种做法会有很大问题，因为：

- 需要维持良好关系以避免争议。因为担心扰乱市场，业内人士通常不愿意批评行业中的其他参与者。这意味着批判思维和怀疑主义往往被抛之脑后，取而代之的是千篇一律的"头条"和讨喜的评论。重复的头条新闻无须铤而走险或挑起争议，因此备受青睐。恭维的评论也颇受欢迎，因为谁也不愿意冒险树敌。但最终的结果是，语言服务行业缺乏富有意义或切实可行的新信息和见解。
- 回音壁效应。久而久之，业内人士创造了一个正反馈循环——类似回音壁一样。这个反馈循环使我们相信我们所听到的一切。在缺乏相反意见的情况下，我们失去了对行业进行批判性思考的能力。

你很难让来自不同公司的众多业内人士纷纷承认这一点，但缺乏外部分析意见的确是一个严重的威胁。由此产生的趋同思维损害了行业的可信度，进一步限制了行业可用信息的数量和质量。

缺少公开信息

在分析任何行业或市场时，最有用的信息来源之一是上市公司的财务报告。在语言服务行业，我们拥有的一些最有价值的数据也是来自大型多语种LSP和其他上市公司提交的年度报告。然而，这些财务报告少之又少，因为现实情况是，公开上市的LSP为数不多。语言服务行业如此分散，以至于小公司的数量远远超过大公司，这些小公司不太可能公开或公布其财务数据。

财务报告在学术上可能很有意义，但对许多LSP而言价值不高，除非它们直接在同一个利基市场竞争。例如，一家大型多语种LSP营业利润率达25%的消息可能会让人产生兴趣，但对于大多数LSP而言，这则信息不会造成巨大的改变，因为它们在完全不同的利基市场中运营，因此拿它们直接进行比较是不合理的。此外，有必要记住，在不同国家运营的LSP受制于不同的财务报告要求。

语言服务行业体量不大、不够有趣

对行业以外的人来说,语言服务行业中实际上市的公司也略显无趣。这不仅是因为这些公司没有提供与其他 LSP 的比较,而且因为世界上绝大多数人都不了解或不关心语言服务。好在,如今这种情况正在改变。人们开始好奇,许多人会购买本书以了解更多信息。但从历史上看,公众对于广泛报道语言服务行业的呼声并不高。

业内顶级大型多语种 LSP 年营收数亿美元,在全球各地雇用数千人。而其他行业的顶级公司年营收数十亿美元,雇用数十万人。当苹果、谷歌和微软市值以十亿美元为单位,亚马逊要将人类送往火星时,《纽约时报》为什么要报道一家默默无闻、价值 200 万美元的 LSP 呢?让主流媒体报道 LSP,就像派安德森·库珀(编者注:美国知名新闻主播)报道宾州土拨鼠的天气预报一样怪异。

行业的动态特性

令人难以置信的是,语言服务行业充满变数,在规模、结构、流程和实践方面不断变化。

就在有人快要得出如何管理和分析本地化的数据时,情况又会突然变化，然后一切又得从头再来。即使我们能够年复一年地报告，也很难逐年跟踪任何趋势，因为用于衡量行业的标准本身正被重新评估和更新。

在"介绍"中，我们声称本书的目标之一是响应对信息的需求。人们亟须有关行业新变化和趋势的最新信息。但是，本书的目标不是讨论行业的最新、最重大的趋势。这种讨论更适合期刊和在线资源，因为它们比印刷书本更灵活。本书讨论了行业的宏观趋势，更重要的是，它提供了一个框架，有利于讨论快速变化的微观趋势。我们不会帮你衡量这些时常变化的目标，而是提供工具和培训，让你自行衡量。

行业参与者的数量

语言服务行业的参与者不计其数，这加大了行业分析和报道的难度。如果你想关注科技行业，基本上必看的是大牛企业（苹果、微软、谷歌、特斯拉、亚马逊等）及"后起之秀"。后者往往由大牛企业核心管理人员离职后创建，通常很容易识别。

反观语言服务行业，很多业内人士甚至说不出行业排名前三的LSP，更不用说大多数行外人士了，连一家的名字也说不出来。太难了。归根结底，最大的LSP的确规模不大。语言服务行业是分散的、支离破碎的。业内公司数量太多，就连报道也存在困难。想要报道所有公司是不可能完成的任务，而只报道其中一家则是不充分的，因为即使是顶级参与者自身也缺乏足够重大的市场影响力。

例如，与笔记本电脑制造业相比，前六大笔记本电脑制造商占据了行业高达85%的市场份额。如果你是一位商业博主，假设你大费周章研究业内数以千计的LSP并写出一篇文章，到头来却发现无人问津，你是否还愿意这么做？难怪没有人报道语言服务行业！我们业内实在有太多从业公司了。

以极少的信息支撑营业规划

如你所见，我们遇到了问题，缺失的部分似乎多到让人无法推进有意义的讨论。我们意识到了这个问题，和你一样沮丧不已。所以，我们沮丧到决定写一本有关的书。我们花时间，依托现有的知识，试图找出在缺乏充足信息时寻找机会的方法。

这对你来说是个巨大的机会。一个信息丰富的行业会充斥着大量新的参与者，而新的参与者反过来又会给行业提供自己的创意。这也意味着，新进入者没有机会打造出独一无二的新服务，而现有公司也难以扩张。试想一下……即使缺乏信息，人们仍然有机会创造新鲜的原创事物。

"说起来容易"，你可能这么想。但实际上，我们自己也是这么做的。我们没有抱怨语言服务行业缺乏高质量的信息，而是抓住这个机会，撰写这本书，以满足尚未满足的需求。有了本书的信息，你可以自信地把握住属于自己的机会！

由于缺乏关于语言服务行业的信息，在《翻译公司基本原理》一书中，市场影响因素评估占据了重要地位。正如我们在本节中所做的一样，评估使我们不仅能够分析整个行业，而且能够分析我们在行业中的特定利基及特定市场影响因素如何影响 LSP 的增值和盈利能力。

五大市场影响因素

1979年,《哈佛商业评论》发表了迈克尔·波特撰写的《塑造战略的五种力量》一文。该文章背后的驱动思想是概述企业可用于分析其行业内竞争的框架。波特认为,作为行业的一员,公司应该了解所在行业的主导力量,看看这些因素如何潜在地影响公司的盈利能力。波特认为,通过分析你所在的行业及公司与行业的关系,你可以更深入地了解如何提高竞争力。

波特在《哈佛商业评论》上的文章《塑造战略的五种力量》给了我们有关市场影响因素的灵感,这些市场影响因素包括:

1. 新进入者的威胁
2. 替代品的威胁
3. 顾客议价能力
4. 供应商议价能力
5. 行业竞争

让我们来说说波特的文章与本书有何关联。在前文中，我们已经讨论过语言服务行业的每个参与者如何定义自己在行业中的利基市场。通过找到自己的利基市场，确保客户需要你，从而获得体面的利润。

将你的利基市场想象成语言服务行业这片汪洋大海中的私人岛屿。如果你刚刚起步，尚未找到岛屿，则需要导航帮助。"波特五力模型"基于对市场影响因素的仔细评估，为你提供绘制水域图、定位岛屿的工具，避开鲨鱼出没的水域。如果你已找到岛屿，此分析将帮助你更好地了解你在地图上的位置及如何利用此优势。

> 市场影响因素评估是为了让你知道在行业内的位置。

真正全面地解释"波特五力模型"不在本书的讨论范围之内，但我们强烈建议你自学更多知识，波特的所有文章都可以在线获得（欢迎来到 21 世纪）。不要抠门——在线订阅《哈佛商业评论》或购买波特的文章，你一定不会后悔！

我们对"波特五力模型"稍做改动，得出了语言服务行业的市场影响因素，但原则保持不变。本节的其余部分总结了五个市场影响因素：新进入者、替代品、顾客议价能力、供应商议价能力和行业竞争（见图 7）如何共同影响语言服务行业的持续发展。这些市场影响因素受到多种因素的驱动，我们将分别讨论每个市场影响因素及它们对增加或减少市场影响力的作用。

在本书中，市场影响因素围绕着 LSP 并产生向内作用。这些代表了语言服务行业中对 LSP 施加压力（并为其提供机会）的力量。LSP 有责任分析并更好地理解如何组织支持活动，使核心功能能够创造价值。

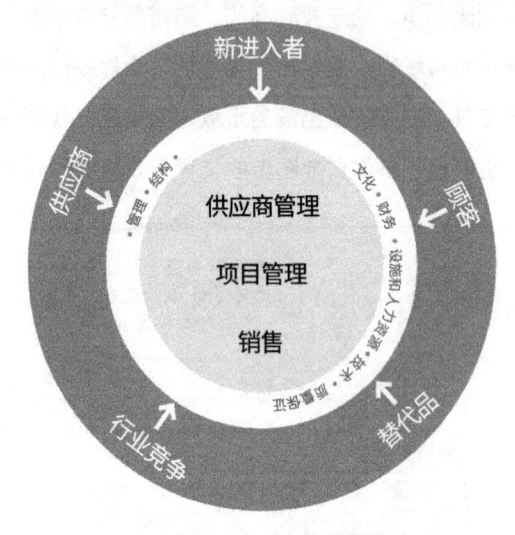

图 7　市场影响因素围绕着语言服务提供商

当我们完成本节时，你将了解评估自身市场影响因素所需的信息和见解。市场影响因素评估不仅是了解语言服务行业，还是了解如何为公司定义和执行制胜策略的第一步。

新进入者的威胁

在影响语言服务行业的五个市场影响因素中，首当其冲的是新进入者的威胁。如果你曾参加过任何商务课程，你可能也将此称为行业准入壁垒。当准入壁垒较低时，新进入者的威胁较大；反之，当准入壁垒较高时，新进入者的竞争较小。

在分析行业时，应考虑哪些因素推动了新进入者的威胁。不同的专家会列出不同的答案，但总的来说，以下因素会影响新公司进入市场并直接参与竞争的难易程度：

- 知识产权（现有专利/商标/版权）
- 政府影响力
- 品牌资产
- 客户忠诚度
- 更换供应商的难易程度
- 产品或服务的差异化程度
- 规模经济和投资成本
- 盈利能力
- 果冻效应

知识产权（现有专利/商标/版权）

语言服务行业就是提供语言服务。通常，服务是难申请专利或商标的东西。正如不能将一个动词申请为版权，你不能将翻译行为注册为专利。但这并不意味着翻译公司没有试图通过建立和保护自己的知识产权（IP）来获得竞争优势。翻译公司通常将某项技术或工作流程申请为专利。但大多数情况下，技术和工作流程相互关联，很难区分彼此。

当然，技术可能是语言技术提供商的重要因素，因此其核心竞争力是开发和销售语言软件及工具。这些工具通常表现为计算机辅助翻译（CAT）工具、工作流和企业资源管理（ERP）工具或机器翻译（MT）引擎及驱动这些软件和工具的人工智能（AI）等形式。显而易见，技术可以对典型语言技术提供商的利基市场产生重要影响。语言技术提供商将希望严格保护知识产权，因为这是他们保持竞争优势的关键。

LSP 的大多数许可软件来自业界领先的语言技术提供商，而不是自主开发。但是，许多多语种 LSP 和业内所有大型多语种 LSP 都致力于开发自己的工具，以期不必依赖第三方获取对其流程至关重要的工具。此外，LSP 使用更高效的工具集来降低内部成本，管理极其复杂和敏捷的本地化程序，并通过轻松集成客户系统，为最终客户创造价值，从而实现差异化竞争。

想象一家大型多语种 LSP 正在与硅谷的一家大型科技公司进行 5000 万美元的业务谈判。他们说服客户，使用公司的专有软件能创造出比竞争对手的解决方案更高的价值，并且能与客户的系统无缝集成，从而赢得了合同。仅大型多语种 LSP 拥有该工具专利的事实就有力地降低了新进入者进入市场并窃取业务的威胁。新的翻译公司没有足够的资源来快速开发出受知识产权保护的等效工具。

在供应链的下游，大型多语种 LSP 使用签约译员作为自由翻译员。如果签约译员使用大型多语种 LSP 的工具集进行翻译，那么新进入者对签约译员的威胁可能非常高。如果大型多语种 LSP 控制执行工作的环境，那么它可以随时选择用更便宜的新手替换任何签约译员。如果你正在使用不属于自己的工具或流程，则很容易被新参与者所取代。

知识产权因素可大可小，具体取决于你所处的业务地位。对于开发 CAT 工具的语言技术提供商或自主研发机器翻译引擎的语言服务采购方，知识产权就是一切。但是，使用标准流程和公共可用工具的小型LSP可能没有任何真正的知识产权可言。因此，我们无法提供涵盖整个行业的标准化分析，从你的业务角度进行分析才是至关重要的。

政府影响力

通常，政府政策取决于公司所在地。对于单语种LSP而言，政府政策对其市场地位的影响完全取决于公司的注册地，这种影响甚至在较大的多语种LSP中也适用。因此，如果你计划走向全球，务必从战略角度思考公司总部的所在地。

如果你是为小型单语种LSP或区域性多语种LSP工作的签约译员，你将需要了解当地的法律法规，尤其是关于会计实务、财务的法律法规和国际合同法（请参阅第二部分了解更多内容）。例如，外币收入的申报要求是什么？当地政府是否提供有利的激励措施？是否需要为跨国界服务支付额外税费？如果是，谁负责支付这些税费？

以分析新进入者的威胁为背景，考察政府影响力时，问问自己以下问题：政府影响力是增加还是降低了新进入者进入市场的难易程度，导致他们在我的利基市场内竞争，并降低我的利润？

要了解政府影响力如何影响全球多语种LSP和大型多语种LSP的新进入者威胁，有必要回答与上述相同的问题。然后再回答这些问题。再次重复。持续这个过程，直到你针对不同经营地点逐一回答了这些问题。合同法和就业法尤其如此，因为劳动法因国家/地区而异，若未经当地政府批准或通过当地中介（因此会降低你的利润），未必能在国外雇用人员。对于完善的大型多语种LSP，根据你执行的工作类型及你与员工签订合同的方式，合法雇用全球员工所涉及的管理费用和成本，可以有效地消除新进入者的风险。

如果你的业务模式是雇用全职员工，则准入壁垒较高，但如果你只需要与当地单语种 LSP 或签约译员签订合同，则准入壁垒较低。在讨论完"支持服务"下的全球人力资源和"核心功能"下的供应商管理之后，我们将继续讨论雇用方式。

品牌资产

在谈论品牌资产时，我们谈论的是感知价值。品牌资产涉及两个重要的因素：品牌知名度和品牌声誉。理想情况是你拥有良好的声誉，品牌知名度高，这样一来，你将能够自我定位为优质供应商，收取更高的费率，享受健康增长的利润。但是，若你声誉不佳，那么你肯定还有一些工作要做。在提高行业声誉之前，即便你侥幸能够盈利，你也只能分到些残羹冷炙，利润微乎其微。

显而易见，声誉和品牌认可度对行业内的任何 LSP 都会产生实际和持久的影响。现在，请允许我们偏题片刻，谈论我们认为非常重要的一件事，即使这在严格意义上超出了本书的讨论范围。让我们暂时忘掉公司（即使你是公司的老板），看看个人品牌资产。

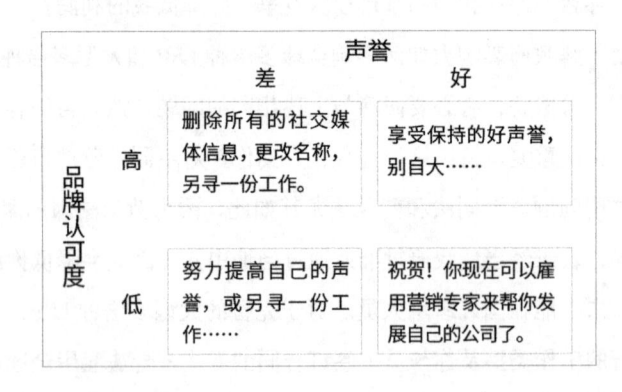

		声誉	
		差	好
品牌认可度	高	删除所有的社交媒体信息，更改名称，另寻一份工作。	享受保持的好声誉，别自大……
	低	努力提高自己的声誉，或另寻一份工作……	祝贺！你现在可以雇用营销专家来帮你发展自己的公司了。

虽然适用相同的概念，但个人品牌资产是特定于个人的。虽然为一家声誉良好的公司工作自然会给你带来一些信誉，但你的个人品牌资产并不一定与你所属的组织完全相同。作为个人，你可能会为一家非常糟糕的公司工作，但仍然保持良好的声誉并在业内同行中享有盛名。同样，你也有可能在一家强大的公司做着一份高薪的工作，但个人品牌资产却很低。

在我们的职业生涯中，我们目睹了有关这两种情形的许多典型示例，可以证明这种现象确实普遍存在。如果你从业一段时间，我们敢打包票，在某个时刻你会盯着眼前那位高级经理或客户，问自己："他们到底是怎么坐上这个位子的？"有时答案很简单——他们擅长管理个人品牌资产。

可悲的是，我们也看到过才华横溢和勤奋上进的人因未能妥善管理个人品牌资产而被行业驱逐。语言服务行业不大却又很无情，一旦你的声誉变差（无论是否咎由自取），就很难恢复。

抱歉，刚刚偏题了，感谢你的耐心等待。我们认为至少要指出品牌资产的概念不仅适用于LSP，还适用于个人层面，这一点很重要。本书中的许多其他概念也是如此。

请在销售核心功能部分中阅读有关品牌资产的更多信息。

客户忠诚度

能有效维护声誉的LSP就可以拥有一定程度的客户忠诚度。想象一下，客户多年来一直与多语种LSP合作，建立了牢固的信任关系。客户的忠诚度非常高，永远不会考虑更换供应商并将业务交予新的参与者。那么，在这种情况下，新进入者的威胁几乎为零，对吧？

不一定。如果多语种LSP决定削减员工的奖金来节省资金，会发生什么？答案并不尽然。员工可能会有些许不满，但会继续工作并为客户提供优质的服务，客户甚至没有注意到任何差异。但是，当多语种 LSP 在明年和后年做同样的事情时会发生什么呢？最终，这些员工将会离开。他们中的大多数肯定会为竞争对手工作，但其中一些人将自己创业。当他们自己创业时，首先联系的就是那些与多语种 LSP 有长期关系的老客户。

这就是个人客户忠诚度发挥作用的地方。

切记：客户不是向公司购买服务，而是向个人购买。如果你有荧光笔，一定要高亮这一句。当员工离开公司时，客户很可能会跟随他们离开。现今如日中天的 LSP 中，就有不止一家是由离开多语种 LSP 的员工所创办，他们还带走了自己的客户。因此，深入分析客户忠诚度时不仅要考虑到客户对公司品牌的总体忠诚度，还需要考虑维持忠诚度的因素和人员。

需要提到的是，最正式的客户忠诚度表现形式可能非签订合同莫属了。LSP 喜欢签署多年合同，因为他们认为这种方式提供了一定程度的稳定性，不仅可以杜绝新进入者，而且可以规避其他竞争对手。语言服务采购方喜欢签署多年合同，他们可以利用合同作为砝码来要求供应商降低费用。但是，值得注意的是，在语言服务行业中，顶级语言服务采购方和 LSP 之间的合同通常对 LSP 毫无意义。严酷的现实是，语言服务采购方随意解除合同，而 LSP 几乎从不采取任何行动。LSP 只是置之不理，任其每日发生。

造成这种情况的原因在于语言服务行业的特性，行业不大，在行内声誉就是一切。LSP 有时会认为，抱怨客户违反合同会危及未来与他们做生意的机会。这是另一条令行外人士感到疑惑的行业不成文规则。业内人尽皆知，却又无人承认。LSP 继续争夺令人垂涎的多年合同，似乎其确有意义，而客户则继续假装其确有意义。

更换供应商的难易程度

一般而言，业务关系越大越复杂，更换供应商的难度就越大。因此，这在很大程度上取决于公司在价值链上的位置。一方面，较大的多语种 LSP 往往拥有更复杂的客户关系，因此客户更难以更换供应商。另一方面，自由职业者与客户之间的关系非常直接，可以轻松更换。这就是我们通常所说的客户"黏性"。可以说，客户脱离当前供应商的难度越大，这种关系的"黏性"越高。一块口香糖越黏，就越难从头发中取出，对吧？更换多语种 LSP 同理。

让我们看一个大型多语种 LSP 的例子。这家 LSP 为一个非常大型的语言服务采购方执行价值数百万美元的工作，不仅工作量大，工作种类也繁多。当然，除了提供翻译服务，他们也提供本地市场咨询服务、创译、多媒体本地化和改编，以及按需口译。他们可能在公司内部完成工作，但更有可能是与供应链中的合作伙伴公司签订外包合同，自己仅承担项目管理工作。为了将所有的工作完美地结合起来，他们还将内部 CAT 工具和工作流管理系统与客户系统完全集成。

> 黏性是你为客户创造的所有价值与转换供应商的隐藏成本之间的函数。

说得客气一点，他们的关系非常复杂，高度整合，需要花费数年才能实现。虽然这家大型多语种 LSP 可能面临来自现有行业竞争对手的竞争压力，但是市场新进入者抢走客户的威胁几乎不存在。新进入者要建立可与之媲美的程序，即使成功也需要投入大量成本，而最糟糕的情况则是，没有客户的合作，根本无法进行。

我们说更换供应商的难易程度，指的正是客户是否愿意配合。这不是 LSP 相关的成本，而是客户的成本。如果客户希望转向新供应商，他们将不得不花费大量时间和资金来促成过渡。新供应商需要接受培训。必须在双方的工作流管理系统之间构建新的自动化和集成。通常情况下，大型多语种 LSP 的客户会在一段时间内同时使用新老供应商，在这段重合期内，新供应商加速成长，而老供应商逐渐落幕。在这种情况下，更换供应商肯定不容易。

不过，客户更换签约译员的成本要低得多。签约译员很少与客户（通常是 LSP）高度集成，因此可以轻松更换。与签约译员合作的大多数多语种 LSP 和单语种 LSP 都自主设计系统，导致签约译员的议价能力被削弱，也容易被更换。正如我们在知识产权一节中所讨论的那样，这个例子也说明了在语言服务价值链上的位置越低，被新进入者取代的风险就越高。

产品或服务的差异化程度

在商业环境中谈及差异化时，我们指的是在两个或多个产品或服务之间建立区别的行为或过程。差异化可以发生在公司内部，如当公司提供相同产品的不同版本以便更好地吸引不同的目标市场时。在语言服务行业中，差异化的示例是翻译公司会提供"高级""基本"和"经济"等不同质量等级、不同价格的翻译服务。

但是，为了讨论新进入者的威胁，我们主要是指公司将服务或产品与其他公司的服务或产品区分开来的过程。也就是说，提供与业内其他参与者不同且可能更好的服务的过程。

测验时间！你认为将你的语言服务与竞争对手及任何市场新进入者的语言服务区分开来的最佳方式是什么？我们猜测你不需要花很长时间就能得出答案，而你的答案很可能是"质量是实现差异化的最佳方式"。通过提供最佳质量，你可以确保客户不会离开你，跑去跟新进入者或其他竞争对手做生意，对吧？

其实不然。事实上，这可能是大错特错。质量不是差异化因素，而是先决条件。如果你认为凭借质量的差异化就能生存下去，那么你就要大失所望了。

质量并不那么重要。

诚然，我们知道这句话令人震惊，但是请耐心看下去。在第二部分讨论质量管理支持活动时，我们将深入阐述这一颇具争议的论断。我们之所以在支持活动部分而不是核心功能部分讨论这个问题，正是因为高质量并不能直接增加价值。如果你现在难以接受这个论断，那还是请稍等，让我们把它说清楚。我们保证这一切都是值得的。

如果 LSP 不是根据质量实现差异化，那么差异化因素是什么呢？通常他们的差异在于给客户提供的服务水平和种类。如果你是与多语种 LSP 合作的语言服务采购方，你需要为多语种 LSP 的附加服务买单（项目管理、工程、供应商管理等）。支持活动赋予了 LSP 实现差异化的可能性，而真正体现差异化的是供应商管理、项目管理和销售三大核心功能。

这对于签约译员至关重要，需要随时铭记于心。即使你只是提供翻译的签约译员，也需要意识到你的客户（无论是语言服务采购方还是LSP）不是因为翻译质量而和你合作，而是由于你提供的服务使他们的生活更加便利，如你按期交付、问题少又能及时提供状态更新。客户可以从任何地方购买有质量的翻译，他们继续与你合作的原因在于你为他们增加的价值。

无论你是自由职业的签约译员还是大型多语种 LSP 的 CEO，考虑到语言服务行业极低的准入门槛，你的服务可能很难与新进入者区分开来。

> 当狗意识到它处在何种动物栖息地中，它就会很快准备好在竞争中脱颖而出。

需要被差异化的是价值，而不是翻译质量。这是本书重点着墨的内容——发现创造价值的因素，找出可以区分你的价值产品以吸引和留住客户的领域。

规模经济和投资成本

考虑到二者之间的关联性，我们在这里将这两个略有不同的因素放在一起谈。规模经济是指公司随着规模的增长而变得更有效率的能力。投资成本是指新进入者进入市场所产生的成本。二者之所以相关联,是因为随着公司的发展,初始投资成本(间接费用)将分散到更大的业务量中,有效地降低了成本收入比(利润率增长的另一种说法)。

语言服务行业的投资成本之低,令人瞠目。新手入行创办语言服务企业几乎是零障碍。我们(雷纳托和塔克)可以决定明天就开办自己的口译公司,没有什么可以阻挡我们。只要有营业执照和咖啡机,我们几乎可以立即开创、运营自己的公司。开业的第一天,我们激动于追逐梦想只需要这么点投资。然而,第二天,现实就狠狠给我们泼了冷水:我们不仅需要与现有的竞争对手竞争,而且还有一个真实存在的风险——市场新进入者也会竞相瓜分我们的"蛋糕"。

请务必留意,这一点适用于新创业公司。如果你以大型多语种LSP的身份开展市场分析,那就不用担心这些小型创业公司进入市场,因为他们不会和你竞争同一利基市场。你正在开展价值数百万美元的项目,这些项目需要使用数千美元的专业工具、遍布全球的实体经营场所及数千名员工的全球团队。没有切实可行的方式让新进入者一进入市场就和你在相同的舞台上竞争。

投资成本太高,所以你利用规模经济来确保自己享受更高的利润并在价格上更有竞争力。虽然所有这些都可能是真的,但我们强烈建议你不要满足于现状。语言服务行业的新创业公司可以以惊人的速度增长,特别是当它们拿到外部投资的经济支持之时。我们已经看到新公司在短短数年内就具备了从最大的大型多语种LSP窃取客户的能力。

盈利能力

盈利是一件好事,对吧?如果你不期望自己的努力获得回报,为什么还要在语言服务行业开展业务呢？当然，有些人是被这个行业所吸引，他们对语言有着无法抑制的热情，但通常这些人不会在行业内发家致富。执行市场影响因素评估的目的是进一步了解你在行业中的位置，从而更好地定位自己和业务，最大限度地提高利润率。你可能想知道，为什么我们将盈利能力标记为可能会增加风险的因素。高盈利能力可导致盈利能力下降，这种说法确实有点儿矛盾。

要了解盈利能力如何增加新进入者的风险，我们首先需要了解基本经济学里的供需曲线。供需曲线的历史可以追溯到人类第一次将恶臭的猛犸象肉换成少量闪亮的新箭头之前。如果这让你觉得回到了大一时的经济学入门课上，请原谅我们。但我们有必要简短地奠定基础。

供需法则规定价格及盈利能力是总供给和总需求之间关系的函数，此处总供给与总需求均是针对市场中的相同服务或产品。大致说来，卖家数量＋买家数量＋数学公式＝市场销售价格。市场决定了销售价格，正因如此，市场力量左右着所有价格围绕此市场价格浮动。如果公司定价低于市场价格，那么出于对利润的渴望，他们会将价格抬高到实现利润最大化的价格点。想要让自身定价高于市场价，你需要在一定程度上和其他公司区别开来，但最终还是会在市场上遇到持续的竞争，试图让你的价格回归均衡点。

这些供需竞争力常用图表示。在图8中，横轴表示供应商总数或供给量，纵轴表示价格。供需曲线的相交点代表给定行业的均衡价格和供应商数量。只有供需曲线在图中移动位置时，市场价格才会上涨或下跌。这种情况可能发生在：由需求曲线移动代表的需求上升或下降，或是由供给曲线上下移动代表的总供给上升或下降。

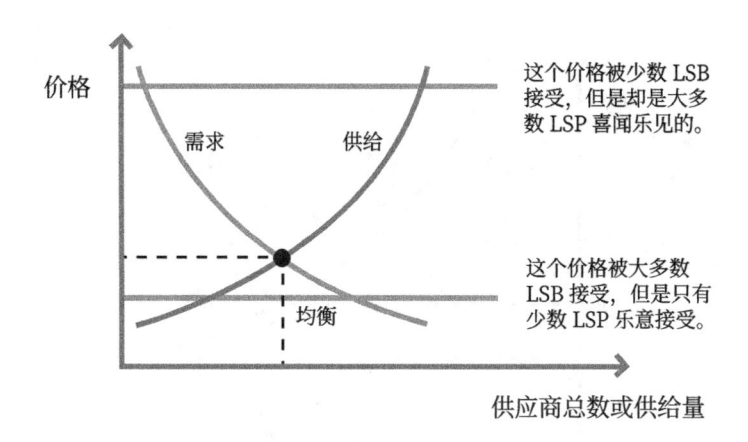

图8 均衡价格处于需求和供给曲线的交点

这意味着，至少在理论上，每当一个新的语言服务采购方在业内购买语言服务时，整体需求就会增加，需求曲线也会右移。但是，当新的LSP开业时，供给曲线会右移，整体供给也增加了。由于行业的分散化和多样化，效果微不足道，但随着时间的推移，效果会与日俱增。整个行业正在发展壮大，越来越多的客户需要语言服务，因此需求曲线不断变化。市场价格之所以保持一定稳定，是因为供给曲线随需求曲线变化，供需增长率相同。

需求与供给之间的这种关系并非巧合，也不是同时发生的。因为随着越来越多的语言服务采购方购买语言服务，需求增加，带来了市场价格（P）点上升（见图9）。

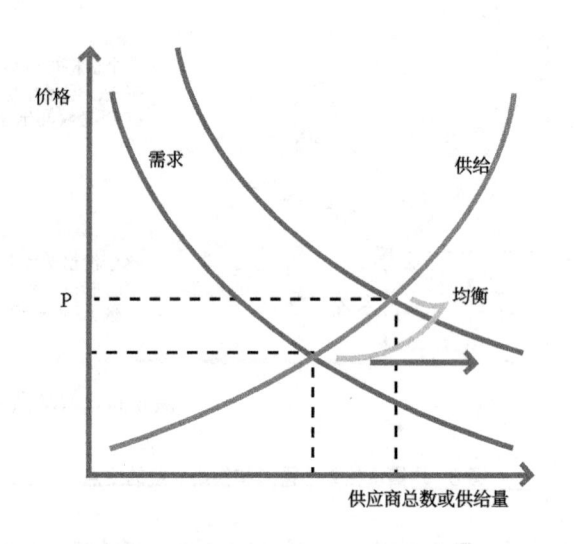

图9 随着语言服务采购方购买服务增多，需求曲线向右移动，行业的均衡价格因此上升，更高的价格将吸引更多的新进入者进入市场

市场价格的上涨使得业内人人有利可图，因为现有公司拥有更强的议价能力，可以收取更高的费率。但与此同时，价格上涨导致语言服务行业对新进入者更具吸引力。行业盈利越多，新进入者就越有创业的动力。

也许你现在正在为 LSP 工作，梦想着有一天自己能自立门户。一方面，你已根据市场行情进行精心计算，确定如果你今天开始创业，只能获得 20% 的利润。另一方面，你现有的工作收入不错，你喜欢这份工作带来的舒适和稳定。你认为潜在的回报不值得让你承担潜在的风险，所以继续留在 LSP 拿薪水。然而，一段时间后，行业需求的增加导致市场价格上涨。你又计算了下，认为如果现在自己单干，利润就有可能达到 35%，这个利润率十分诱人。你辞掉了工作，在父母的车库里租了点空间作为办公室，自己开始创业。

这意味着整个行业又多了一个通过提供服务来满足需求的新进入者。

恭喜，你刚刚改变了供给曲线。供应链的转变推动价格及利润率朝原有市场价格靠近。行业力量正是通过这种方式，不断努力推动价格走向均衡点，增加盈利能力实际上是增加新进入者对行业的威胁。

果冻效应

为了总结关于新进入者威胁的讨论，我们在此介绍一个被我们称为"果冻效应"（Jell-O 效应）的概念。这不是官方的市场影响因素，迈克尔·波特也没有在"市场五力模型"中提到它，我们自己创造了这个词。果冻效应能够有效演示语言服务行业如何受到新进入者的影响，它描述了由于入行门槛极低，语言服务行业不断受到新进入者威胁的方式和原因。

当你挤压一块果冻时会发生什么？我们会试图解释，也请你思考下这个问题。

当汽车或技术等其他行业被"挤压"时，公司就会倒闭或被收购。大公司会继续壮大，小公司则会被收购或破产。人们失去了工作，劳动力市场突然充斥着合格且经验丰富的人才。这意味着其他公司现在可以选择一些非常有经验的人。很不幸，由于工作岗位有限，这也意味着一些受到影响的人将在相当长的一段时间内找不到工作。他们中也许有人转行做了别的工作。其他人可能会考虑自行创业，但大多数人都会因为启动成本高而放弃这个计划。因此，当大多数行业受到挤压时，结果就像挤压铁罐一样，你最终会得到一个比原版更小的，且形状不同的罐子。

当语言服务行业受到挤压时会发生什么？好吧，大多数方面和其他行业都一样。人们被解雇了。人们寻找新工作。人们梦想着为自己创业。但由于该行业进入门槛非常低,那些正在考虑创业的人实际上也有能力这样做。

此外,人们也想留在这行。或许是因为他们觉得自己的技能如此专业,或者也许是因为他们只是热爱这份工作。但无论如何,一个老牌业内资深人士在其他行业求职是罕见的。当语言服务行业受到挤压时,它不会像铁罐那样,被压成比原物小的形状,而是会变得一团糟。就像挤压一块果冻一样,果冻会从你黏糊糊的指缝间滑到桌子上。

每当语言服务行业受到挤压时,它不会凝结,而是会扩散。当一家公司一败涂地,意味着另外三家公司将从灰烬中崛起。这就是果冻效应,也是这个行业永远不会缺少新进入者的原因。

替代品的威胁

乍一看,你可能想知道新进入者的威胁和替代品的威胁之间有何区别。毕竟,如果一个新的竞争者进入市场,那么当然存在客户用新竞争者的服务替代你的服务的风险,对吧?所以,明确区分新进入者的威胁、替代品的威胁和行业竞争是很重要的。

这里,术语"替代品"是指在行业标准集合外的产品或服务,它可以相对容易地取代行业内的产品或服务。当新进入者进入行业时,他们可能会从你手中抢走一些业务,但总的来说,整个行业内的生意并没有减少。语言服务行业的"羹"还是那么多,只是你分到的那杯少了点。同样的情况发生在你现有的竞争对手从你手中抢走生意的时候。然而,当客户用其他行业的替代品取代你的服务时,不仅你的这杯"羹"会变少，整个行业的规模也会缩小，你和竞争对手的价格和利润都会因此降低。

在分析语言服务行业时，决定替代品威胁的因素很多，包括（但不限于）以下因素：

- 替代品的可用性和数量
- 产品或服务的质量和性质
- 替代品价格
- 替代品转换成本
- 替代的难易程度
- 替代品的意愿及语言服务提供商的影响力

我们的市场影响因素评估将侧重于两种不同类型的替代品：翻译替代品和LSP核心功能替代品。翻译是语言服务价值链提供的最终服务，但我们需要记住，这个价值链中的大多数参与者都是LSP，事实上他们并不提供翻译。相反，LSP通过项目管理、供应商管理和销售的核心功能增值。只有翻译人员通过翻译行为来增值，所以他们最有可能被翻译的替代品所取代。

举例来说，如果人工翻译被诸如机器翻译等替代服务所取代，那么 LSP 仍然有机会通过管理机器翻译流程来增值，就和他们以前管理人工翻译流程一样。但是，如果他们的核心功能被取代，LSP 就没有机会保持其在价值链中的关联度。工作流程自动化可以取代项目管理，众包平台可以取代传统的供应商管理。

替代品的可用性和数量

影响语言服务行业替代品威胁的第一个因素是替代品的可用性。让我们借此机会仔细研究一些（不是全部）经常被讨论的替代品。对我们（和读到这一切的你）来说，幸运的是替代品并不多。通常来说，如果语言服务采购方希望将其产品和服务本地化，提高在全球市场中的竞争力，则它们必须使用 LSP 来提供必要的服务：本地化改写、翻译、口译等。

> **替代品威胁**
> - 机器翻译
> - 宜家模式
> - 众包
> - 流程自动化

公司要么翻译内容，要么不翻译。可以说，"什么也不做"是 LSP 的最大竞争对手。翻译费用可能极高，有些客户没有做好购买服务的准备。我们已经经历了无数次潜在客户决定不购买服务，原因仅仅是他们决定什么也不做。然而，严格来说，"什么也不做"并不是真正的替代品，因为真正的替代品必须有效地实现与原始服务相同的结果。

然而，对价格敏感的语言服务采购方希望不花大价钱就能获得全球客户，但这并不意味着他们没有其他的选择。有一些方法可以策略性地削减部分开支，我们将在本节讨论其中的几个。

在上一节关于新进入者威胁的部分中，我们关注的是 LSP 和签约译员，因为新进入者威胁会影响价值链供应商侧的所有参与者。在以下关于替代品的介绍中，我们的例子不再着眼于 LSP，而是着重于语言服务采购方，因为是客户做出了使用替代服务的决策。

· 机器翻译

在前文中，我们（不情愿地）提到了语言技术提供商，并承认它们在行业中发挥着非常重要的作用。有一类语言技术提供商是机器翻译（MT）提供商，他们开发复杂的软件和人工智能，不需要任何人工交互就可以将内容翻译成多种语言。

请记住，在第一章中，我们将语言服务行业定义为与帮助客户（语言服务采购方）改写或创建内容、产品或服务相关的所有业务，目的是提高客户在全球市场中的竞争力。毋庸置疑，语言技术提供商正符合这个定义。因此，在行业层面上，MT 就技术而言可能不是真正的替代品。话虽如此，MT 提供商代表了整个行业的一小部分。MT 的大部分进步都发生在客户这一侧，因为只有像微软和谷歌这样的大公司才有大量资金用于 MT 研发。

> 机器现在还不能接管翻译，但在一些特定情况下可以提高效率！

出于这些原因，我们将把 MT 视为威胁整个本地化服务行业的替代服务。从语言技术专家的角度来看，不被包含在内可能有些令人沮丧，我们对此表示理解。然而，他们的一大成就是颠覆语言服务行业的基础，以至于像我们这样的人正在重写这本书进行解释。

LSP 和翻译人员面对的现实是，MT 还没有达到可以完全替代人工翻译的程度。MT 已经存在了很长时间，而 LSP 和翻译人员仍然赚了不少钱。也许有朝一日，人工翻译会被机器取代，但是当那一天到来时，我们要担心的更大问题，就是蜷缩在我们的掩体中，策划抵抗机器人霸主的行动。

目前，MT 被视为一种生产力工具，可在特定情况下提高传统翻译供应链的产量。翻译人员通过成为专业 MT 顾问或提供机器翻译后编辑（MTPE）服务，适应了这项新技术。同时，通过简单地将 MT 应用到项目管理工具包，使用 MT 来增加价值，LSP 也轻松适应了 MT。

· 宜家模式

对于那些落伍几十年的人，让我们帮你快速进化吧。如果你已经了解这些信息了，请略过以下几段。宜家是一家全球家居仓库商店。第一家宜家开业于 1957 年，此后拓展到其他斯堪的纳维亚国家，然后是瑞士和德国，接着扩张到欧洲其他地区，最终足迹遍及世界各地。截至撰写本文时，宜家在全球 41 个国家或地区经营着 300 多家商店。

宜家的所有产品都未经组装。不是因为宜家不知道如何组装家具，而是因为这是大战略的一部分。这帮助宜家降低物流成本，同时也打造了一个全新的客户群——没有卡车的买家。如果要从普通的家具店购买一张新床，你需要使用卡车或搬运车将其带回家，或者需要支付额外的费用才能送货。如果要从宜家购买同一张床，你会带着一个装满组件的小盒子走出商店，这个盒子可以轻松绑在斯柯达的车顶，甚至可以带上公交车回到你的公寓。

事实上，宜家是家居用品行业最成熟的全球参与者之一，这个行业过去完全由本地公司主导国内市场。虽然宜家的全球化战略有许多有趣的案例研究，但我们今天最感兴趣的是他们如何进行文档的本地化。每块未组装的刨花板都需要由客户在家中装配，这意味着每个产品都带有一套说明书。

通常情况下，安装、组合和维护说明书约占公司本地化内容的 90%，这也意味着它占公司本地化成本的 90% 左右。这是很大的一笔支出。而从 LSP 的角度来看，这是一笔很大的收入。宜家的说明手册仅包含图片，没有需要翻译的单词，从而彻底消除了说明书的本地化成本。他们用卡通化有效替代了本地化。

这一策略不是宜家发明的，事实上它由来已久。下次乘坐飞机时，请你查看座椅后袋中的乘客安全卡。你会注意到，那上面没有多种语言的复杂指令，只有图片。因为无法理解门上的标志，你进错过异国的卫生间吗？前所未有吧？那是由于这些信息几乎总是通过图片传达，而不是文字。对于想要传递重要信息的公司来说，宜家模式是一种可行的翻译替代品，无论对方使用何种语言，都能理解。

· 众包

多年来，众包在语言服务行业一直非常流行。这个想法源于，比起雇用高价的翻译人员，公司可以让"大众译员"免费翻译。脸书（Facebook）可能是推广这种方法最有影响力的语言服务采购方，因为它在全世界拥有众多热情的用户，这些用户可以免费提供翻译。这也意味着翻译来自大量业余翻译人员，也几乎没有翻译质量管理。

众包不是翻译的替代品。毕竟，众包的整体概念是有"真正的"翻译人员为内容而工作，即使他们只是未经认证的业余人员。从本质上讲，众包是供应商管理核心功能的替代服务，因为它消除了内容和翻译人员之间的距离。当失去三个核心功能中的任何一个时，LSP便无法增加价值，因此失去竞争优势。

幸运的是，对于LSP而言，近年来众包的受欢迎程度似乎有所下降。在兴奋和炒作消失之后，人们开始发现众包和MT一样，都是在非常特殊的情况下提高生产力的有用工具，但也许不是人人都认可的行业颠覆者。

· 流程自动化

流程自动化有可能取代项目管理核心功能的许多方面。当谈论自动化时，有一大堆事要讨论。有一些项目管理工具可以提高生产力，从而减少所需的项目管理服务。还有全自动化解决方案，旨在从工作流程中取消项目经理这一环。

我们将在本书第二部分中深入讨论项目管理自动化。在这里，简而言之，尽管并不像有些人想象的那样令人担忧，但过程自动化作为潜在替代品的威胁是真实存在的。语言服务采购方最希望完全删除语言服务价值链中对项目管理的需求。流程全自动化一直都是业内可望而不可即的目标。现在，我们只能说流程自动化，就像机器翻译和众包一样，在特定情况下正确使用时可以是非常有效的工具。然而，完全消除大多数公司对项目管理的需求还有很长的路要走。

> 全自动流程一直是行业所追求的可望而不可即的目标！

聪明的LSP已经接受了这种自动化趋势。技术支持活动使项目经理能够用更少的资源增加价值。通过项目管理核心功能，LSP提供的服务能创造出比没有自动化帮助时更大的价值，从而有助于保持关联度和竞争力。

产品或服务的质量和性质

有些产品和服务可以轻松互换，而有些则不行。

人类如此有效地相互沟通的能力使我们区别于动物。没有任何东西可以完全取代语言，不存在的！即使描绘得栩栩如生的宜家漫画也不行。对于出国一年的人，或是静默冥想一周的人来说，他们认为语言和文字将我们分隔，禁锢我们的思想，心灵的语言才是真正的交流。一派胡言！如果不会说英语的你在紧急情况下拨打911，那么当翻译上线时你就谢天谢地了。

我们在这里要说的是，就其本质而言，语言没有任何完全有效的替代品。我们使用语言来建立关系，更深入地了解周围的世界，说服别人同意我们的意见，开展所有其他活动，让我们成为真正的人类。比起其他行业，语言服务行业尤为如此。

事实上，世界上任何其他产品或服务都可以有替代品。也许不容易，但可以做到。拿走iPhone，你将花更多的时间在电脑上。拿走雷纳托的车，他会去坐公共汽车。拿走塔克的咖啡试试，他会用刀子架到你脖子上。所有这些变化都会非常糟糕，但我们总会适应。然而，如果你拿走语言，我们就会失去我们的关系，我们的身份，以及很多使我们成为人类的东西。因此我们可以肯定地说，语言本身没有被替代品取代的危险。

但是，这并不意味着其他核心功能无法被替代。正如我们上文提到的，项目管理、供应商管理和销售可以在一定程度上实现自动化。到目前为止，完全取代这些核心功能的尝试已被证实不太有效。多年前，MT就应该取代翻译人员了，但它没有。最近，众包平台据说要取代供应商管理的需求，但并没有发生。提供自动化和简化语言服务价值链的公司只不过是希望通过教育客户和提供咨询服务来削减销售功能及其增加的价值。截至今天，没有人能够取代业内人力咨询的独特价值。

而语言服务行业仍然是关系驱动的，没有人能够找到合适的人际关系替代品。

替代品价格

如果任何特定市场中替代产品或服务的定价低于原始产品和服务的定价，那么客户将注意力转移到替代品的可能性就会增加。如果替代品的定价较高，则会降低客户转移的风险。只有当市场价格可能变化，导致替代品价格下降时，替代品才值得考虑。

你在路上看到过多少辆生物柴油车？不是很多，对吧？生物柴油在技术上是常规柴油的可行替代品。然而，生物柴油目前比普通柴油贵 1.5 倍左右。这样一来，如果你靠销售普通柴油赚钱，有可能会意识到生物柴油是一个潜在的威胁，因为假如生物柴油价格下降（或者假如普通柴油价格上涨），你会突然面临客户转而购买生物柴油的情况。

到目前为止，这种定价因素是增加本地化行业替代品威胁的头号驱动力。如前所述，除了价格之外，几乎没有什么充分的理由可以让语言服务采购方寻找语言服务的替代品，所以这个决定几乎都是由价格决定的。

例如，MT 的定价可以从几乎免费到数千美元不等，这取决于机器翻译引擎的复杂程度。市面上有许多公开可用的 MT 选项，从技术上讲，这些 MT 技术可以立即投入使用，只不过翻译结果可能不太令人满意。有预算的话，你还可以开发或定制自己的机器翻译引擎，用品牌的特定内容来训练专用引擎，以便获得更好的结果。不过，一般来说，即使语言服务采购方与 MT 提供商合作授权定制引擎，最大的成本都是在前期产生的。在初始设置之后，每月的订阅费和维护费都是象征性的，比用 LSP 翻译内容要便宜得多。通常，机器翻译的投资回报很快，效果相当显著。

替代品转换成本

与转换相关的成本有时与替代品的总价格不同。在上文中，我们以生物柴油为例，指出生物柴油的价格比传统的燃料更高，这阻碍了消费者做出改变。这个例子也适合谈论定价，因为通常情况下，将车辆从柴油转换为生物柴油不会产生转换成本。如果你有柴油发动机，明天就可以用生物柴油代替，而不必对你的车做任何额外的改装。

但是，如果你想把车改成使用天然气，会发生什么呢？一般来说，天然气比生物柴油便宜得多，所以有明显的成本优势。然而，在用天然气代替柴油之前，你首先需要投资，对汽车引擎进行适当的改装。这些改装价格不菲，代表了与替换相关的成本。

语言服务的替代品也是如此。如前所述的 MT，总体价格高昂，主要由开发和训练机器翻译引擎的初始设置成本构成。其他的初始成本可能是重组或重写内容以优化 MT 处理，这也需要时间和资金。

转化成宜家模式所需的成本也同样值得思考。如果相关的内容已经有了纸质形式，那不好意思，你得重新设计一遍。基于组织的不同，这个过程可能旷日持久且成本巨大，因为你不得不花钱让内容创作者按照新形式重新设计一遍。

任何寻求替换项目管理或供应商管理的自动化工具都会得出相似的结论。通常，前期的成本会很高，因为这要消耗时间，也需要专业知识来想出解决方案。但一旦解决方案成型，总体成本应该就会下降。理论上讲，自动化工具能够自行收回成本。客户在做决定之前会进行一次仔细的投资回报率分析。如果潜在的收益大于成本，那么进行替代就是明智的选择。这让 LSP 始终有动力以更低的成本提供更高的价值，确保自己不会成为顾客成本效益策略的牺牲品。

替代的难易程度

目前为止，我们已经阐明了一个观点，即目前没有任何事物可能完全替代语言作为有效沟通的工具。否则，那只能说明我们太难以捉摸了。但是，替换能够节省预算的情形也时有发生。就拿机器翻译和宜家模式的例子来看，这似乎也很容易实现。所以你可能要问了，语言服务采购方到底在等什么？

要回答这个问题，我们必须简单讨论一下语言服务采购方如何管理本地化项目。说得好听一点，许多采购方在做本地化的时候都不知道自己到底在做什么。有些人会更好一点，当然，有的人是天才，但一般情况下，他们都毫无头绪。

为了支持这个有争议甚至颇具煽动性的观点，我们要指出的是，语言服务采购方内部的"本地化部门"仅仅是存在而已。本地化部门和公司其他部门之间泾渭分明，这验证了我们的观点。本地化只是一种事后补救的办法——一个亟待解决的问题，会被委派到无足轻重的本地化团队，好让公司内部真正的专家专注于核心竞争力上，不管这些竞争力是什么。就我们个人而言，我们是很喜欢本地化部门的，我们这些年在他们身上挣了很多钱。但遗憾的是，本地化部门经常与公司其他部门完全切断联系，得不到支持。另外，很多新成立的公司根本就没有本地化部门，翻译只不过是给已经很繁忙的市场经理徒增更多的负担。不过我们离题了。

举个例子，假如某语言服务采购方有位资深且有能力的本地化经理，希望通过使用机器翻译及用图形取代大量文本指南来降低本地化成本。经过调研，这位经理发现，如果能够更有效地使用图解，总字数可以减少40%。她还知道，如果剩下的内容都是以一种特定的方式及风格编写，那么机器翻译的结果也是可取的。但是，目前所有需要其进行本地化的内容都写得很差，杂乱无序，很难使用机器翻译策略来节约成本。

此时，我们可怜的本地化经理早就意识到自己无法在本部门之外寻求组织上的改变。也许这位经理的确有绝妙的点子，能够为公司节省数千美元甚至上百万美元，但是她得不到公司股东的同意，也就无法实行这些计划。从理论上讲，这样的替代其实很容易实现。但是，只要这位本地化经理提出需要做出改变并实行新战略，她就会面临来自公司内部的强烈抵抗。

从历史角度来讲，上述情况并不罕见，甚至成了一种常态。即使是现在，行业内也很少有语言服务采购方建立了一整套文化和机制来支持和简化本地化工作。这是因为大多数公司只关注国内市场，他们只会在国内市场成功时才会开始思考本地化的事务，但为时已晚。当然也有例外。最近，我们看到越来越多的初创公司从成立第一天起就制定了国际化的战略目标，并且尽可能地将本地化融入整个企业流程，这一点令人鼓舞。

替代的意愿及语言服务提供商的影响力

通常买方都希望使用替代服务，有时这么做是为了省钱，有时只是希望创新，而有些时候，只是因为他们不了解语言服务行业的运转方式，对于不进行本地化投资会带来怎样潜在的风险一无所知。如果LSP没打算和客户交流和教育客户，他们就可能失去潜在的机会。

LSP，特别是靠销售核心功能运作的LSP，需要详细了解替代服务。如果客户前来咨询，他们可以充当值得信赖的顾问，分享知识和专业技能，甚至可以引导客户，避免其做出导致长期不利影响的决定。但至少，LSP需要了解替代服务，因为如果客户使用替代服务，提供商必须具有适应这些新计划的策略。

一旦客户决定使用机器翻译，那就很难再说服他们，准备不足的供应商可能会完全失去该客户。但准备充足的供应商就会为客户提供咨询，告诉对方未经过人工审校的机器翻译有哪些危害。他们可能仍然会失去客户的翻译业务，收入肯定会下降，但也许他们可以通过管理机器翻译流程或提供低成本的机器翻译后编辑（MTPE）服务来创造价值。只要准备充分，LSP就能够化灾难为机遇。

假设你正在为一家有潜力的初创公司工作，该公司将研发一款热门的新型智能手机应用。你们已经在国内市场上取得了巨大的成功，现在想走向全球。为此，你需要将部分内容本地化。首先，应用程序本身需要本地化。其次，你需要将在线支持页面和常见问题解答（FAQ）本地化。要在新市场上宣传你的应用程序，你还需要将一些现有的营销内容本地化。最后，还要对法律内容进行本地化，如最终用户许可协议（EULA）及各种条款和条件。

明智的做法是，与其将这些内容捆绑在一起发给LSP翻译，不如检查这四种类别的内容是否需要同样级别的服务。显而易见，实际应用程序的用户界面（UI）必须质量上乘，因此需要进行其他测试。但是，如果分析数据表明在线帮助内容每月仅能吸引数十名访问者，你应该问问自己："我的在线帮助内容是否确实需要完善，机器翻译足以满足需求吗？"根据当地法规要求，有关法律的资料有可能需要重写。营销内容是留给潜在客户的第一印象，因此需要卓越的质量，而机器翻译可能会损害品牌形象。这些是所有语言服务采购方都需要做出的决定，因此没有针对这些问题的标准答案。

采购方花时间分析其内容类型后，将为每种类型标识不同的质量级别，然后分配相应的流程。质量要求不高的内容可以使用机器翻译。由于文档通常比实际产品内容更多，这样一来即可节省很大一部分本地化预算。请参阅下图，了解简单的分析过程。

组成部分	描述	质量等级	流程
应用程序字符串	直接影响用户体验	非常高	人工翻译之后进行额外测试
在线帮助内容	低频使用	低	机器翻译加译后编辑
营销内容	给潜在客户留下的第一印象	高	专业市场营销类译员进行人工翻译
法律资料	当地法律法规机构所要求的文档	中	为每个当地市场创建新内容

以上分析有助于确定购买者是否愿意使用机器翻译。如果所有类别的质量要求都很高，那么他们使用机器翻译的意愿就很低。但是，如果他们对质量要求很低并且没有本地化预算，那么他们的替代意愿就会非常高。

请记住，翻译服务是按字数计费的。如果可以选择需要进行本地化的内容量，那么你就可以相应地降低所需翻译的字数。

另一种降低字数的方法是采用宜家模式。你甚至不需要像宜家那样，把所有的文字去掉，用漫画来替代。你可以直接通过图形解释概念的方式来编撰内容，这样总的字数也能得到减少。需要指出的是，图形需要简单易懂，没有任何文本。这不仅适用于文档，也适用于 UI。

我们来看一个实际例子。假如我们需要将下面的 UI 界面翻译成德文，LSP 的报价是每个单词 0.25 美元，你就要计算出翻译整个 UI 需要多少费用，并按照两种方式排列 UI。

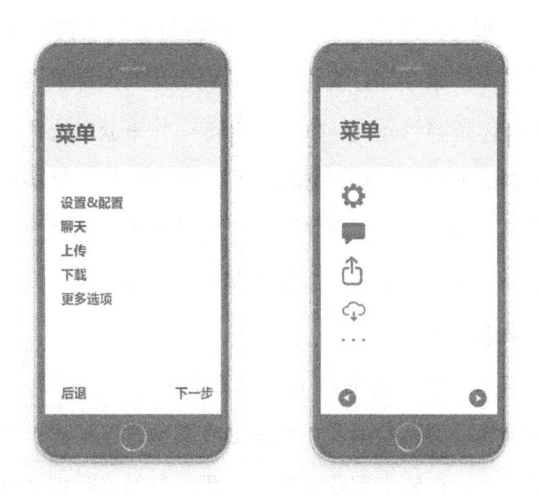

上述两个屏幕的功能完全相同，但其中一种的翻译量是另一种的十倍。左边的 UI 翻译成本更高，而且会引发诸如文字编码、文本空间及天知道的其他问题。右侧的 UI 将文本替换为简单易懂的图片，甚至无须改动即可投入大多数市场，从而节省了 90% 的本地化成本！

如果语言服务采购方决定实施此策略，那就没有什么需要翻译了。那这意味着 LSP 就没有用了？不一定。我们来探讨一下：客户很可能自己想不出这个办法。他们从其他地方得到灵感。也就是说，他们广开言路。能够有效指导客户实施最佳实践的 LSP 永远是吃香的。当然，指导客户的最终结果可能会导致他们失去翻译业务。尽管如此，他们仍在不断发展自己的服务产品，以保持影响力，即使是通过完全不同的服务，也要继续为语言服务价值链创造价值。

顾客议价能力

在语言服务行业内，人人都要面临与客户的讨价还价。实际上，需要和客户服务部打交道才能完成学业的人都不得不做这样的事情。也许你是签约译员，依靠为 LSP 工作来获取报酬。又或许，你在大型多语种 LSP 工作，你的客户群包括微软、苹果以及其他全球巨头公司。不论你在价值链中处于何种位置，顾客都有哪些，你都要面临一个残酷的事实：尽管顾客并非总是对的，但他们仍然是你业务的最终来源。

你很容易认为顾客对待 LSP 很不公平，因而叫苦连连。顾客简直不可理喻；顾客欺骗我；顾客给我家狗狗下了毒；顾客把我女朋友勾走了……在整个职业生涯中，我们总是能听到（也说过）这些话。这些抱怨不但毫无意义，更可怕的是，会降低你的士气，削弱你的力量，让你在与不公正现象的竞争中败下阵来。我们越是不敢面对行业现状，就越难客观分析我们在行业中的地位，从而越难采取行动，取得成功。

这是目前语言服务行业最大的影响因素，也是大多数人最常遇

见的问题。在语言行业影响顾客议价能力的因素包括(但不限于):

- 信息可用性
- 买方集中度和行业规模
- 更换供应商的成本
- 集成程度外包水平
- 买方对价格的敏感度
- 行业竞争及替代品的可用性

本节主要探讨本地化行业中顾客议价能力及其对公司造成的影响。在下一节中,我们将研究供应商议价能力。

为了对两者进行有意义的探讨,我们必须构建一致的研究框架(见图10)。因此,在接下来的两节中,我们将讨论一家典型的多语种LSP,该LSP直接向语言服务采购方提供语言服务,并与单语种LSP和签约译员直接合作。

顾客:	语言服务采购方 (LSB)	语言服务采购方 (LSB)	语言服务采购方 (LSB)
	多语种语言服务供应商 (MLSP)		
供应商:	单语种语言服务提供商 (SLSP)	签约译员 (CLP)	单语种语言服务提供商 (SLSP)	签约译员 (CLP)

图10 典型的多语种LSP为语言服务采购方提供服务,并与单语种LSP和签约译员直接合作

不过，类似的分析适合供应链中的任何公司。你可以从签约译员的角度进行分析，将顾客定义为与你合作的各个 LSP。如果你是语言服务采购方的本地化经理，则可以将客户定义为提出本地化的内部需求方。需要记住的是，市场影响因素评估主要关注的并不是行业整体，而是特定某个公司在行业中的地位，以及"波特五力模型"给其带来的影响。

既然我们已经构建了一个合适的分析框架，现在我们从多语种 LSP 的角度来探讨驱动顾客议价能力的因素。

信息可用性

如前所述（见"用少量信息来支撑经营"一节），信息不一定对行业外部公开，甚至行业内部的人也不一定有途径获取。但语言服务行业狭小而相互交织，各种流言满天飞。想象一下，如果你曾经在某个小镇居住过，镇上的居民都知道你开的卡车是什么牌子，这样你就能明白我们的意思了。所以尽管鲜有获取行业信息的公开渠道，但是有经验、有人脉的人知道去何处寻找。而这些非公开的信息助长了买家的意识，提高了他们的议价能力。

如果只是粗略地看一眼 LSP 的网站，似乎可以获取许多信息。一定要记住，这不过是营销手段，并不是客观的信息。所以作为买方一定要看一眼资料的来源，然后问自己："LSP 到底想要卖给我什么？"多数情况下，他们希望你购买服务，因而只会呈现出经过精心挑选、看起来最有吸引力的信息。读到一篇文采飞扬的博客讲到翻译人员在不久的将来只会用手机工作？这很可能只是一家公司在宣传刚刚研发好的技术，并且在想办法推销出去。南美的 LSP 会发表文章和博客讨论改造西班牙语以适应不同的拉丁美洲国家，而欧洲 LSP 则会用博客反驳，表示资金花在欧洲语言上更有助益。

由于语言服务行业包罗万象，人脉就显得极其重要。你在行业内部的人际关系将是搜寻正确信息的最佳工具，有助于你做出更好的决策。你可以加入行业协会，参加社交活动来构建自己的信任圈子，这是你探索语言行业过程中最值得信赖的信息来源。

那为什么这样奇怪的行业环境会影响顾客的议价能力呢？答案很简单。顾客所掌握的信息越多，他们的议价能力就会越强。想想看。难道你希望顾客得知竞争对手的报价吗？当然不想！因为如果这样，顾客就能以此压低你的价格，甚至会抛弃你，到竞争对手那里获取更便宜的服务。

> 行业协会、网络及人际关系是获取行业信息的最佳来源。

不幸的是，对于 LSP，顾客所得信息的质量并不那么重要。举个例子，假如有个顾客参加了一场行业会议。会议上你的竞争对手讨论了"众包是翻译的未来"的议题。很可能这个竞争对手专攻众包解决方案，发表这样的演讲只是为了从你手中抢走客户。但是你的顾客对此毫不在意，他们反而会据此信息做出行动。因此，你最好能提前得知顾客要参加哪些行业活动，以便做好准备跟着去。

买方集中度和行业规模

语言服务是一个庞大的行业。这里有成千上万的买方和数十万个服务供应商。因此，从行业层面进行的买方集中度分析会十分短浅。简而言之，语言服务行业的买方集中度不高，每天都有数千万的买方涌入市场。

当然这并不表示我们可以完全忽略买方集中度的影响。我们已经讨论过了，大多数LSP都在竭尽全力挖掘利基市场，而不是为客户提供无所不包的服务。正因如此，我们会看见某些LSP专攻技术，某些擅长法律或市场翻译，还有一些专门提供劳务派遣或者口译服务。

我们再来看个硅谷的例子。这是一家向科技企业提供全服务翻译的多语种LSP。加州初创企业的数量与日俱增，这种趋势还将继续保持。这对LSP来讲似乎是丰裕之地。但是这家多语种LSP却有特定的目标客户。他们认为公司需要寻找有至少十门语言需求并且每年至少有50万美元翻译服务预算的公司。这在语言服务行业中并不罕见。由于不同的LSP占据不同的细分市场，每一家都有自己定义的目标客户群。

锁定目标客户后，这家多语种LSP就能自如地运用我们之前讨论过的各种概念。他们能够运用可观的规模经济优势，投入资金，整合公司与客户的技术从而加强用户黏性，以及增加自己与供应商的议价能力。这家公司正在高效地寻找自己的定位，以便减少新进入者和替代品的威胁。但是，这么做其实会人为限制符合其顾客群体的潜在顾客数量，从而增强顾客的议价能力。

这就要重新提到供需曲线了。想要购买服务的顾客越多，需求曲线就越容易改变，从而推动市场价格高涨，而 LSP 与顾客的议价能力就越高。限制了顾客群体后，这家公司也就人为地限制了其潜在市场的大小，也减少了语言服务采购方的数量。语言服务采购方数量越少，买方集中度就越高，你的利润就越低。

更换供应商的成本

由于更换供应商成本较高，如此做法将降低顾客的议价能力。这句话看起来很眼熟，因为在替换成本部分我们已经讨论过了。如果语言服务采购方寻求新的 LSP，那么转换过程会涉及多少成本呢？成本有可能是预付成本，尽管通常情况下这些成本是很难定义或者是无形的。

转换成本最可靠的决定因素是顾客与供应商系统的集成程度及顾客与供应商之间的外包水平。

集成程度

我们此前所讨论到的集成大多指的是工具的集成。举个例子，一家 LSP 开发了一种工具，能与顾客的内容管理系统同步，从而简化了本地化流程。如果顾客想要更换供应商，那就必须搭建一个新工具，与新的供应商配合完成同样的事情。这通常会让顾客很头疼，因此他们会选择继续与现在的 LSP 合作。站在 LSP 的角度讲，整合系统来增加用户黏性是一个强有力的战略，能提高供应商对于顾客的议价能力。不过这可能还不够，我们来看看为什么。

顾客黏性并不意味着 LSP 一定就能留住顾客。从理论上讲，黏性的程度同你与顾客集成的程度成正比。但事实可能与理论有所不同。顾客满意你的服务，他们就愿意和你长期合作。但如果一旦下定决心，他们就会换掉LSP。除了拖延这必然的结果以外，你能做的其实并不多。

外包水平

一般情况下，服务提供商和顾客之间的整合意味着通常由买方完成的操作将会自动完成。这意味着顾客的工作变少了，因此减少了内部成本，从而为顾客创造了价值。另一个减少买方工作量的方法就是通过外包直接把任务转移给供应商。

仔细想一想，由于语言服务采购方和LSP之间的协作，无论如何都至少会有最低程度的外包。采购方将翻译任务及相关的管理流程外包给LSP。所以语言服务采购方和LSP的关系不是采购方是否选择外包的问题，而是外包的程度问题。语言服务采购方将基于一系列因素做出决定，包括预算、外包的能力范畴、外包服务的本质、内部结构、企业价值观、隐私机密问题及对外包想法的接受程度。

从现有客户手上得到更多的工作是LSP永恒的目标。在后面的章节我们会谈到，生意不仅仅在于获取新的客户，也在于发展现有的客户。语言服务采购方的翻译量有所增加当然意味着现有客户的发展，但富于进取的LSP通常不会满足于坐等客户发给他们更多的工作，追求企业发展的LSP会想方设法通过增值服务来给客户创造价值。

有些语言服务采购方喜欢在公司内部完成大部分本地化工作，以便更密切地把控整个流程。有时，特别是当语言服务采购方设立了富有经验、能力出众的本地化部门时，这是最好的渠道（请注意：每个语言服务采购方都认为自己有一个出色的本地化部门）。如果你是 LSP，正好与这样的客户合作，那你的目标可能就是与他们建立信任，让他们慢慢地将越来越多的关键工作转移给你的团队。不知不觉间，客户就会将几乎所有与本地化相关的职能外包给你。这种情况下，LSP 就成了专家，比语言服务采购方更熟悉其本地化后的产品及服务。所有这些都意味着语言服务采购方更换供应商将付出高昂的成本，因为他们真的会不知道从何处着手。

现在有许多的工具和知识产权用于运作本地化项目。有些知识产权在法律上属于语言服务采购方所有，如翻译记忆库（TM）、术语表及内部工具。但是，只有当前的 LSP 知道如何分割这些内容以最高效地利用这些 TM，他们甚至可能已经开发出了自己的工具来扩展（甚至修补）客户的专利工具。

最常见的情形是，如果客户开发了一项本地化工具，供应商就要额外开发大约三个工具。最好的情况是，此举的目的在于放大已有的功能，或者让这些功能更好地与供应商的工具兼容。最糟的情况是，供应商不得已而为之，必须弥补客户工具的种种弊端。

因此，精明的语言服务采购方会在合同中写明过渡过程必须遵循的具体步骤，以便使 LSP 承担相应的责任。

总的来说，即使你被炒了鱿鱼也要当个好人。不能恩将仇报。

通常，新老 LSP 会相互配合，谨慎行事。这在其他行业中并不多见。LSP 会回头帮助炒过自己鱿鱼的客户，因为在他们眼中，这样做能保护自己的信息并且为客户将来吃回头草提供了更多的可能。还有一点，虽然客户没有意识到，但 LSP 知道：新的供应商极可能失败。

买方对价格的敏感度

价格敏感度指的是，在影响决策的各种因素中，客户对价格的强调程度。假如你刚到伦敦，想要找一款应用程序进行地铁系统的导航。你在应用商店中找到了一款 App，但发现需要付费，需要花 0.99 美元才能下载。你会付费吗？可能不会。这就是你现在的情况：只要点击一次就能获取世界上最复杂的交通系统的导航帮助，但是你连一美元也不愿意花。

这是因为用户对付费应用程序的价格非常敏感。你不愿意下载这款应用程序，那你有可能选择跳上一辆出租车抵达目的地。但是你会刻意找出最便宜的出租车公司，在知晓了所有价格之后才上车吗？可能不会。这是因为客户对出租车的价格不敏感。此例证解释了同一个人基于不同的产品和服务会有不同的价格敏感度，语言服务行业也是如此。

行业的价格敏感度很难一概而论，因为不同的语言服务采购方相差甚远。我们与愿意花钱的采购方合作过，也与预算特别拮据的采购方打过交道。他们必须做出艰难的选择，思考可以购买哪些服务，哪些事项又只能放在明年的预算中。不过企业会要求本地化经理"花更少的钱做更多的事"。这是行业的大体趋势，而且近期内不会改变。有些时候语言服务采购方能够理解为何会出现这种情况，但通常他们的宏伟计划里有着这样一项任务：找到供应商，然后声明他们不得不"花更少的钱做更多的事"。

基于不同的影响因素，仅仅探讨价格敏感度我们就可以写一整本书。但目前的讨论已经足以说明语言服务行业的价格敏感度很高，而且由于该行业的竞争压力非常大，如此高的价格敏感度又增强了顾客议价能力。

行业竞争及替代品的可用性

我们此前已经详细讨论了替代品，在后面我们会仔细讲解行业竞争。目前我们已经可以得出结论：竞争的加剧及替代品的可用性都能够增强顾客议价能力。

供应商议价能力

现在我们来换一个角度，看看供应商的议价能力。在许多LSP眼里，本书的节奏此时变得轻快了许多，因为我们的讨论重点将从劣势转变成优势。签约译员可能不喜欢本节所探讨的内容，因为这部分介绍的是顾客会想办法压低价格，这也肯定是你沮丧的原因。签约译员通常没有供应链。他们自己就是供应链。不管怎样，我们认为本节讨论很有必要，任何人都值得一读，不仅仅是供应商经理。

影响供应商议价能力的因素有很多，这里我们要仔细探讨以下几个部分。

- 差异化程度
- 投入对成本及差异化的影响

- 供应商团结
- 文化态度
- 自发社区
- 正式化的工会形式
- 与供应商的竞争

差异化程度

此处，差异化程度指的是显著不同于竞争对手的产品或服务的程度。差异化创造了其他公司难以复制的独特价值，因此带来了竞争优势。LSP必须基于其执行核心功能的能力来实现差异化。

假如一家多语种LSP和两种不同类型的供应商签订了合同，以提供顾客所要求的语言服务，有些项目，他们直接与签约译员合作，而另一些项目，他们则与较小的单语种LSP签约。总而言之，这家多语种LSP从这两种供应商身上买到的是同一种服务——翻译。他们给单语种LSP的报酬更高，因为单语种LSP的核心功能让服务的差异化程度变高。在这个案例中，差异化就是价值。LSP通过差异化给语言服务价值链增加了价值。

一方面，签约译员仅提供了翻译，不提供项目管理、供应商管理或咨询服务。如果签约译员长期处理该项目，那么他们的工作经验就更丰富，自身的差异化水平也更高。但是，有经验的多语种LSP能够削减这样的优势。他们可以通过各种标准途径谨慎地管理知识，如使用翻译记忆库、术语表和风格指南。他们还能详细记录每个项目的信息，以便在需要替代签约译员时分享给新的签约译员。

记住：语言服务提供商不以质量分长短，而以服务论高低。

另一方面，单语种 LSP 提供项目管理支持，确保项目能按时交付。他们会进行日程管理，如果有译员生病或者在度假，就能够随时找到备份译员。他们提供单点联络人员，这样多语种 LSP 就无须管理多个签约译员，节省时间。每一项额外的服务都能帮助单语种 LSP 增加更多价值，因此也增强了其服务的差异化程度。

服务价值的提高也反过来提升了其议价能力。多语种 LSP 将更难取代高价值的单语种 LSP。在此情况下，大部分多语种 LSP 选择与单语种 LSP 合作是精心权衡后的结果。为了接受单语种 LSP 创造的价值，他们也乐意牺牲自己的议价能力。任何与数百名翻译人员直接合作过的多语种 LSP 都十分清楚这一点。

投入对成本及差异化的影响

语言服务行业的市场价格由供需曲线决定，在短时间内非常稳定。供应商很难影响总体成本。如果多语种 LSP 想要降低总体成本以获取更高的利润（或者是为客户降低价格），他们不能触碰会对供应商造成影响的成本，而是必须削减其他成本。尽管供应商占据了多语种 LSP 的大部分开销，但他们的费用相对稳定，对总体成本波动影响极小。

如果多语种 LSP 要与供应商商谈价格，基本上每个人都清楚市场价。供应商提价的能力被削弱，特别是在其服务差异化程度不高的情况下。因此就这一点而言，供应商的议价能力降低了。另外，多语种 LSP 也没有能力将价格压低在市场价以下。多语种 LSP 和供应商都明白，即使同其他供应商谈也不会获得更好的价格。如果有其他供应商给出了更好的价格，很可能是因为他们在某些方面走了捷径。但从长远来看，成本还是相同的。

供应商团结

在讨论其他行业的市场影响因素时，团结指的是有组织的劳动力。他们能够组合各自的影响力，提高与雇主及顾客的集体议价能力。但是在高度去中心化且充满竞争的语言服务行业，很难想象会有如此团结的团体力量。尽管如此，在做市场分析时也不能完全无视供应商的团结。因此我们将要谈论语言服务行业中"团结"的类型。我们先从政府及文化影响的角度来看劳动力，然后再看看行业内部自发组成的社区，并给出一些正式组织的案例。

文化态度

不同的文化对工作和劳动力持有不同的看法，而当地政府的劳动力部门经常基于这些看法来制定法律。语言行业中许多特定的服务都与地点直接相关，这在供应商之间形成了强有力的团结。

管理过中文翻译项目的人一定对中国春节很熟悉。这个节日对我们来讲已经习以为常，不会再思考这是个多么不寻常又很重要的时刻。现在让我们稍加了解。每年的这个时候，中国的翻译人员、项目经理、工程师及其他的供应商基本都会告知顾客，他们一整周都不会工作。在中国！这是一个人们愿意在其他时间每天工作24个小时，只为春节能放假的国度。中国人甚至会为了春节，在"不在办公室"自动回复中附上一封辞职信。但由于这是受当地政府支持的重要节日，中国供应商在此期间有极强的议价能力，其他地区的人只能接受这样的现实并进行调整。

同样地，LSP 的项目经理想要寻找一名法语译员承担周末工作也会多次被拒。如果这发生在其他语言领域，项目经理可能会炒掉这名译员，转而寻求秉持"美国式"职业道德的翻译人员。但是，众所周知，法国文化中对于加班的议题有着一定程度的团结性。尽管不是有意识地组织，法国人在这一点上总能团结起来，因此在"协商"工作和休假时间问题上给了自己很强的议价能力。

自发社区

因为大多数翻译都是由签约译员完成的，所以人们会认为各个翻译人员之间的协作很少，尤其是在市场上供应商竞争如此激烈的情况下。但实际上，签约译员有许多可用资源，使他们可以共享经验并相互搭建社区。这些社区大部分是自发组织，通常并不太复杂，但可以向翻译人员提供某种程度的组织服务。

在线社区会员享有的好处之一是，其有能力对签约的不同 LSP

及语言服务采购方评级。一名译员可以创建一个账户，登录并评论其在不同公司工作的经验，以供其他译员参考。这就像是语言服务行业的大众点评网。如果有 LSP 联系你洽谈一个大项目，你做的第一件事很可能就是查看 LSP 的得分。你可能会发现他们声誉不好，不按时发放薪酬，或者是组织无序，浪费供应商的时间，又或者是不履行承诺。此类信息将指导你决定是否与其合作，或者是该收取何等费用。如果他们声誉不好，你仍打算与其合作的话，那你应该收取更高的费用以弥补额外的风险。同样，如果公司声誉良好、按时支付报酬，你可以降低报价，让自己更具有竞争力。

根据市场大小，有些社区效率甚至更高。在诸如英译西等供应充足的市场，这类社区很难对整个行业造成影响。但对于高质量译员极其有限的市场，创建组织就容易得多，而且更有影响力。

假如你是一家多语种 LSP，需要将医学材料翻译成海地克里奥尔语，而且世界上只有三名译员有能力完成该任务。这种情况下，他们三人很可能相互认识。他们甚至可能互相参加过对方的婚礼。虽然这并非正式或非正式意义上的工会，但他们组织有方，你不得不选择与他们合作。

这些原则尤其适用于与地点相关的工作。如今，翻译是一项全球活动，文件被送往全球各地来完成。但翻译只是语言服务的一种形式。切记，口译仍属于本地市场。某些项目可以通过电话口译完成，但是大多数口译工作需要口译员抵达现场，因此有时译员的差旅费开销很大。有些口译工作需要多名译员，不管在哪座城市，多名口译员同时工作的情形并不罕见，他们也极有可能彼此认识。如果他们彼此熟悉，那可以肯定的是，他们会互相分享哪些公司最好、哪些公司最差的信息，也就不会再为那些"最差的"公司工作了。

尽管这样的线上、线下社区与有组织的工会大有不同，但是影响力仍然强大。签约译员和其他供应商之间的信息透明提高了他们的议价能力。对于非常依赖与其他 LSP 或签约译员互动的多语种 LSP，绝对有必要意识到忽视此类社区的风险。这些社区可能很少出现拒绝工作或者是"罢工"的现象，但其对品牌资产的影响力不容小觑。许多 LSP 始终不明白为何其供应商成本一直在缓慢增加，后来才意识到其内容提供者一直在网络上发表言论劝退其他供应商，但为时已晚。

正式化的工会形式

语言服务行业鲜有正式的工会。低准入门槛和高强度竞争几乎决定了行业内不会出现高效、长久的工会。即使有这样的工会，那他们要么专攻于某个领域，比如需要特定技能和证书的政府翻译，要么提供与其他行业有所重叠的服务，在这些行业中，工会是常见的。举个例子，某些配音演员既是演员协会的一员，又是娱乐行业工会的一员。

与供应商的竞争

公司是否直接与其供应商竞争是另一个影响供应商议价能力的因素。从本质上讲，这个问题相当于讨论供应商是否应该将其服务提供给顾客的顾客。换言之，取消中间商是否可行。如果可行，则会增强供应商的议价能力。

想象一下苹果公司和各种零售商合作销售产品的情形。在本例中，苹果公司就是零售商的供应商。现在我们能肯定这些零售商较于其大部分供应商的议价能力颇高。但是在与苹果公司的关系中，谁能起到支配作用呢？当然是苹果公司。部分原因是市场对苹果公司高度差异化产品的高需求量，另外也是因为苹果公司有能力完全砍掉零售商。他们可以通过线上及自营商店的渠道销售产品，从而与自己的顾客竞争市场份额。直接的竞争使得苹果在议价能力方面取得了压倒性的优势。

我们已经探讨过了语言服务行业的低准入门槛，以及其带来的结果：LSP 更容易扩展自己的服务范围。有时这意味着为更大型 LSP 工作的 LSP（比如为多语种 LSP 工作的单语种 LSP）会扩展其客户提供的服务。换言之，他们会扩展到和其顾客相同的利基市场。

这种情况下，单语种 LSP 就不再需要顾客了，转而想直接为客户服务。就像多语种 LSP 有时跨过单语种 LSP 直接与签约译员合作一样，单语种 LSP 也可以跨过多语种 LSP 直接与语言服务采购方合作。在此情形下，供应商能够与顾客在相同的利基市场竞争，不言而喻，其议价能力有多巨幅的提升了。

你也许想知道这种情况发生的概率如何。其实，尽管在理论上是完全可能的，这种情况在现实生活中并不常见。LSP 通常会满足于现状，不愿意冒险拓宽市场给自己招致竞争。这就是我们接下来要讨论的行业竞争问题了。

行业竞争

行业竞争对市场造成影响，但是反过来也受到另外四个市场影响因素的作用。这里需要提醒大家的是，行业竞争强度不仅仅与竞争者的数量相关，也与这些竞争者相互作用的方式相关。

你可能也想到了，语言服务行业在这方面有些与众不同。似乎有数个由行业内部人员默认的规则驱动着行业的发展，这会让外部人员感到困惑。这些不成文的规定受以下因素的影响：

- 语言服务提供商集中度
- 创新及竞争优势
- 营销支出
- 竞争策略
- 透明度及小镇效应

在接下来的几部分，我们将深入挖掘这些因素，探讨其给语言服务行业竞争带来的影响。

语言服务提供商集中度

语言服务提供商集中度是影响竞争的最重要因素，其用来衡量总业务量在少数公司中的集中程度。幸运的是，我们无须自己发明和定义衡量方法。我们可以依靠一项广泛使用的工具衡量公司集中度：赫芬达尔—赫希曼指数（HHI）。

HHI 指数可以衡量行业竞争者之间的集中度。每个竞争者市场份额的平方和即为最后的结果。分数越高说明集中度越强，行业被某方垄断的可能性也就越大。分数越低则代表着市场更加去中心化，因此竞争也就更激烈。HHI 是众所周知的市场集中度测量工具，使用者包括私营企业、政府及管理机构。比如，司法部的反托拉斯部门利用该指数来决定是否批准某项可能会限制行业内部竞争的合并案。

语言服务行业的 HHI 指数为 67。看起来很高是吗？之前忘记提了，HHI 指标是万分制的。总的来说，1500 到 2500 的分数属于中等程度的集中度，而若高于 2500 分则会被视为高度集中的市场。

不能用"碎片化"来描述语言服务行业，应该用"粉末状"来形容。很难找到一个集中度更低的市场。处于行业领先地位的 20 名竞争者也只能占据整个语言服务行业市场份额的不到 5%。相较而言，个人电脑行业排名前六的公司几乎占据了全部市场份额的 80%。没有任何个体或集团能够控制语言服务行业，哪怕一星半点儿也不能。

即使在合并与收购司空见惯的行业，市场也只会随着时间的流逝而变得更分散。低准入门槛、果冻效应及运营国际化企业的成本持续减低等因素确保行业内能够保持持久健康的竞争。顶尖公司会发展壮大、收购竞争对手，但是他们永远也赶不上行业需求增长的脚步。我们将继续见证小型 LSP 进入市场，将 LSP 的集中度保持在低水平。

> 不能说语言服务业是碎片化的，应该是粉末化才对！

而他们也将因此陷入永无止境的竞争中。总是如此。大多数的大型 LSP 都接受了这个现实，早早地放弃了掌控市场的幻想。LSP 并非在语言服务行业层面竞争。只要想想整个行业的竞争程度，就会知道，这么做简直是丧失理智的表现。他们在利基市场层面竞争。谨慎定义了自己的利基市场后，LSP 就能将庞大的竞争压力缩小到更加可控的水平。

创新及竞争优势

要讨论 LSP 如何在创新中竞争，我们要先描述一下这个行业舞台及该行业对待创新的主流态度。

每个勉强能够凑点研发预算的 LSP 似乎都梦想着自己有朝一日会用创新的科技或流程推动行业的变革。去世界各地随便参加一场本地化会议，你就能听见那些夸夸其谈的演讲嘉宾在各种场合郑重承诺，要用自己充满争议而雄心勃勃的新点子大干一场。就像其他许多行业那样，我们都在万能的创新祭坛下忠诚膜拜。问题是，人们已经证明了语言服务行业几乎完全不具备进行有意义创新的条件。但即使如此，人们还是对此津津乐道。

像我们这样对该行业稍有了解的人就会明白这些空谈不过是海市蜃楼。但有些人真的认为自己能够通过创新改变这个行业。他们是真正的信徒。当然也有另外一些人知道，归根结底这不过只是表面功夫。他们需要谈论创新来吸引顾客的注意力，树立起创新型公司的形象。实际上，比创新更重要的是，要让别人以为你在创新。

对 LSP 来说最糟糕的事情之一就是被贴上"无信仰"的标签。顾客不会与只满足于现状的 LSP 合作。他们希望与推动行业创新发展的供应商合作。他们想要与真正的信仰者合作。

所以在当前的环境下，我们不仅要配合他们，而且不能被别人发现我们在说创新的坏话，不论该创新有多么的荒唐，也不论原话出自哪里。（有人发现了一种通过训练增强版鲇鱼效应减少处

XML 文件成本的新途径？真棒！能再多说点吗？）这样做的结果是，行业内出现回音室，没人愿意大声表达怀疑。即使连相互间存在直接竞争关系的 LSP 也不敢说对手公司技术方面的坏话以免被贴上"无信仰"的标签。这尤其显得奇怪。你一定能看出来这对行业竞争会带来怎样的影响。

举个例子，你的主要竞争对手在会议上做了一篇演讲，向大家介绍了自己的自动化无接触式众包平台，该平台支持神经网络翻译，可以在云端运行，出于某些原因也对手机端进行了优化。（请注意：以上案例为笔者编造。但与笔者参加会议的所见所闻相比，该案例并非牵强。我们可以提供相关的现实案例，但为了尽可能避免被指控诽谤，还是作罢吧。）演讲结束了，准备回答听众的问题。你现在可能特别想举起手来，然后铆足了劲对着他们大喊："胡说八道！"但是你说不出口。因为有轻信的可怜客户在场，他们相信你的竞争对手所说的每一句话。所以你一言不发。

几个月后，你与客户谈话。客户提到自己参加了那次讲座，并询问你的看法。你的机会来了。你已经和这位客户合作了多年，已经树立起了高度的信任。你应该告诉他们，那些人说的话一个字也不能相信。但是你也没这么说。你反而称赞那次演讲非常有启发性，你的公司也在做类似的事情，你对此感到很兴奋。向创新致敬！

这就是语言服务行业的大环境。从某些角度来看，人们都会觉得该行业竞争激烈，因为各个 LSP 都在吹嘘自己拥有最好的、最具创新性的工具和流程。但从另一角度看，这个行业又可以说完全没有竞争，因为那些专利技术大多充其量也就比第三方软件好一点点，而这些软件每家 LSP 都具备。另外一些技术甚至毫无用处。

现实是，该行业背后有两股力量在驱动真正的创新——顾客和初创公司。大多数地位稳固的 LSP 不会驱动创新，因为他们负担不起。他们专心于发展自己的业务，完成盈利目标，因此不愿意在研发方面有任何实际的投资。顾客驱动创新，因为他们负担得起。真是的！如果亚马逊连空间计划都负担得起，我想他们完全可以丢一点美元在机器翻译引擎的研发里。如果 LSP 很幸运，顾客会邀请他们参与到这个过程中来。

> 语言服务行业真正的创新有两大驱动力：顾客和初创公司。

另外，初创公司驱动创新是因为他们不得不这么做。由于先天原因，初创公司不能像顾客那样投入几百万美元的研发费用，但是他们有着大多数顾客所不具备的优势：灵活性和新奇的点子。那些能够在创新上投入几百万美元的客户都是笨拙的大企业。通常情况下，企业发展到如此大规模时都会失去全部或者大部分组织灵活性，以及追寻创新的能力。初创企业更小、更灵活，也更具有激情，所以尽管预算有限，他们也会推动创新。不为别的，因为他们必须这么做。

营销支出

语言服务行业的典型情况是，高成本的营销渠道并不多。当然，每家公司都有一个网站。这些网站可能存储了各种各样的营销材料，如博客、视频或网络研讨会。市场部门可能会精心制作一些电子邮件营销活动发送至其目标客户，但大多数营销内容都是泛泛而谈，以尽可能广地吸引受众，鲜有重大信息。因此，推销成本通常尤其低廉。重点是，没有人会去购买《纽约时报》的整版广告，或者是在奥运会期间购买电视广告时间。

这些营销渠道的确会给潜在顾客开发流程带来价值，但是对语言服务来讲，营销和销售大多是供应商亲力亲为。这是一个注重人际关系的行业。潜在顾客和新客户开发的大部分工作都在会议上面对面完成。因此，大多数 LSP 的大部分营销预算都流入了差旅费，以确保公司在这些社交场合都有好的表现。

LSP 想要在行业中保持一席之地就必须参加诸如翻译自动化用户协会（TAUS）、本地化世界（Loc World）等会议。你每错过一次会议，就失去了一次和潜在客户建立人脉的机会，也会让你的现有客户孤苦伶仃地站在现场。而且我敢保证你的竞争对手一定趁你不在时邀请他们吃饭了。你需要理解一点：LSP 务必要亲自与客户联系来投资人脉。

在第二部分讲到"核心功能"的时候，我们将更加详细地讨论销售核心功能如何通过建立关系和教育客户来服务价值链。

本地化行业极其复杂，正如之前我们滔滔不绝所述的那样，许多顾客都完全看不懂本地化到底是做什么。销售人员向这些顾客提供咨询，帮助他们明白自己购买的到底是什么产品，以及为什么要购买这些产品。LSP投资销售核心功能非常关键。

在此，我想我们有必要分享这些年来我们对语言服务行业的观察。本来不应该说出来，但是我们就这么做了。是这样的。成长最快的公司往往就是市场营销投入最多、雇用了最多销售人员的公司。听起来还是有道理的吧！尽管是一个常识，但我们仍然需要重申，因为语言服务行业有许多公司由于某种原因不明白这个简单的道理。有时也是故意为之。举个例子，避免成长得太快或追求错误的客户类型，这也是明智的做法。每家LSP都有权决定自己的成长战略。但无论如何，如果企业发展是你公司的目标，那么是时候雇用更多销售人员了，让他们去建立人脉，同时继续投资于销售和市场，保证可持续发展。

竞争策略

行业外部人士在参加语言行业活动时会发现一个令其吃惊的事情，那就是竞争者、分包商及自由译员其乐融融、互相合作，很少有充满仇恨的竞争，没有可口可乐和百事这样的宿敌。这很大程度上归功于行业内部的丰富多样性。的确，行业高度碎片化，利基市场不计其数，大多数LSP不需要相互竞争。事实上，他们在某种程度上甚至强烈愿意彼此合作。

如果召开会议或研讨会，我们会把几百名来自数十家公司的人士聚集在一起。即使有大量人物出席，我们也很难在其中找到直接的竞争关系。市场如此分散，真正的竞争几乎为零。这些人之间相互合作的概率要比相互竞争大得多。

在其他行业，不同的公司会像两支足球队想赢得比赛那样相互对抗。你很清楚对手是谁，也清楚自己的唯一目标就是比对方进更多的球。在语言服务行业，你多多少少也在和对方对抗，但他们不是你真正的对手。真正的对手是棒球、曲棍球和篮球。当你尝试击败对手的时候，你们也在相互合作将其他运动的观众吸引过来。有时我们需要和自认为是竞争对手的公司合作，有时我们又要与我们认为是合作伙伴的公司竞争。

大约十年前，雷纳托在阿根廷科尔多瓦的一次会议上做了闭幕致辞。据他称，当时会场上大概有 800 人（也就是说其实只有 400 人），与会人员来自阿根廷不同的 LSP。据雷纳托回忆，人们当时都很害羞，他能看出来这些人如果没有在会议上见面的话是不会合作的，他们会把彼此视为竞争对手。

雷纳托很惊讶，然后告诉他们，他们太小看自己了。他们有全美洲最先进的教育体系。他们英语水平极高。他们有着最聪明、受过最好教育的人力资源（雷纳托很可能还夸赞了当地女性的美貌）。雷纳托表示，他们的对手不是坐在其旁边的人，而是住在墨西哥、乌拉圭或者是巴拿马，讲着西班牙语的人。那些人才和他们有直接的竞争关系。

在业内，我们知道阿根廷翻译人员受到的教育比拉丁美洲其他国家要好。如果你不同意，只需要记住，雷纳托在与一个特定的听众群交谈。他们的目标应该是携手创建一个品牌，打造一个"阿根廷翻译"的招牌。他们与其相互竞争，不如作为一个团队相互协作，更好地应对行业的真正竞争者。当秘鲁有人给自己打招牌叫"阿根廷翻译"，你就知道这个品牌大获成功了。

不过呢，他们没有采纳，至少是没有马上采纳雷纳托的建议。相反，几年之后他们却创立了一个开放协会，为阿根廷的 LSP 打造当地社区。这样一来，他们就能通过人际网络及"阿根廷翻译"会议来相互支持与合作。他们决定停止竞争，转而协作。

在语言服务行业中，竞争的实质为"合作性竞争"，甚至在某种程度上与直接竞争对手合作都是说得通的。几位存在竞争关系的公司 CEO 在这一周竞争一份几百万美元的合同，而下一周就一起在行业会议的专家讨论小组上发言，这是完全有可能的。如果两家 LSP 为同一语言服务采购方服务，那他们就会合作。他们想要通过自己的合作，而不是竞争精神来给客户留下好印象。

有经验的 LSP 特别清楚"合作性竞争"的意义，即使他们没有使用过这个特定词。

透明度及小镇效应

从很多方面来看，在语言服务行业工作就像在一座小镇上生活。这对于行业外部人员来讲可能有点儿吓人，因为看过一点点经典西部片的人都知道外来人受到的都是什么样的待遇。

有时候似乎每个人都认识对方，不管这是好事还是坏事。这是一个盛产"迷你名人"、人人吹嘘自己认识谁、又认识他们多长时间的行业。在小城镇长大会有同样的体验，即使你不一定认识每一个人，你也可能听说过他们，或者你认识的人又认识他们。

而提供语言服务就像在小镇上约会。你的客户范围有限，可以说"异花授粉"的情况很常见。似乎每两个人都在职业生涯的一定阶段合作过。即使不是，那他们也认识与其合作过的人。而且人们特别愿意讲述自己的经历。

所以，一定要保证自己在这个行业安分守己。小城镇的秘密总是不胫而走，只需要一次聚会，全镇的人就都知道了。同样地，在语言服务行业你是不会有秘密的。就是这样。你可以糊弄圈外人士一段时间，但是糊弄不了太久。

> 在小镇或者语言服务行业树敌都不是个好主意。

这也意味着该行业有一种与世隔绝的特性。你不用坐下来写简历。就像你叔叔在缅因街经营必胜客，所以你就能找到一份工作那样。语言服务行业完全看你认识谁。最重要的是，你给人留下的印象怎样。小镇效应其实主要是视角问题。有些人喜欢称其为人脉，另一些人认为这就是任人唯亲。有人认为这是孤立，有人则说是关系密切。不过我们不是来唠叨这一点的。我们的重点在于指出行业的普遍现象，抛砖引玉，启迪思考。

那这会对行业竞争带来什么影响呢？嗯……就像小城镇一样，人们热衷闲谈，而你在社区的地位就是你最大的资本。所以，LSP总是小心谨慎地确保自己名声斐然，不仅仅是在顾客心中，而是在所有人心中。

确定利基市场

现在我们来总结市场影响因素评估。我们先对市场五力因素做一个简要概括：新进入者的威胁、替代品的威胁、买家的议价能力、供应商的议价能力及行业竞争。每个影响因素都受到行业内部各个环节的影响。我们也详细地讨论了其中一些环节。

现在你对市场五力因素已经有了足够的了解，是时候应用这些知识了。如果你想开一家新公司，你可以从整体上看待这个行业，利用本节列出来的概念，然后计划好如何实现产品的差异化。有哪些风险？有哪些机会？你该如何设立公司架构来创造尽可能多的价值？

如果读者已经在语言服务行业工作了，那市场影响因素评估就显得尤为重要，因为你拥有能够用于分析的真实场景。你的LSP有解决潜在新进入者威胁的计划吗？你打算如何向客户灌输替代产品的知识？为了最小化供应链和顾客的议价能力，你在充分利用自己的市场优势吗？

> 第一步：市场影响因素分析
> 第二步：确定你的利基市场
> 第三步：组建你的语言服务提供商

市场影响因素评估的结果在于，你需要停下来，反思自己的处境，认清风险和机会，然后再制订下一步计划。在接下来的章节，我们将在LSP层面进行探讨。我们将探讨如何为你的LSP建立基础设施，以保持必要的支持活动，通过核心功能来创造最大价值。聪明的LSP不会让自己的公司与世隔绝，他们非常依赖市场影响因素分析的结果，以确保自己做好万全之备，能够在利基市场竞争中游刃有余。

THE GENERAL THEORY OF
THE TRANSLATION COMPANY

第二部分 / 行动起来

八大支持活动

好的。我们终于把第一部分讲完了。非常感谢你还没有把书扔进垃圾桶。我们也知道，第一部分太长了，却是有必要的。市场评估为我们提供了认清市场地位所需的信息和洞察力，而本节就将教授相关的技巧。在此，我们将减少对整个行业的关注，更多地聚焦一家家公司。

如你们所知，支持活动不会直接创造价值，只是让核心功能有了创造价值的能力。本书将支持活动定义为由 LSP 开展的活动，这些活动提供基础设施、方向指导或资源，以赋予供应商通过核心功能创造价值的能力，并使该能力最大化。

> 语言服务供应商开展支持活动，用于提供基础设施、方向指导或资源，以最大化实现核心功能。

如图 11 所示，支持活动用圆圈表示，其中市场影响因素与核心功能相分离。在现实中也是如此。运转良好的 LSP 将支持活动设计成一座衔接市场力量与运营团队的桥梁。

本节将考察 LSP 的八大支持活动：

1. 管理
2. 文化
3. 结构
4. 财务
5. 设施
6. 人力资源
7. 技术
8. 语言质量保证

图 11　支持活动成为衔接市场力量与运营团队的桥梁

这些支持活动分别通过提供战略与愿景、规模经济、发展、生产力、全球人力、效率及一致性，促使核心功能最大限度地发挥作用。

在讨论支持活动时，我们讨论的是 LSP 的基本要素。公司在大小、地点、语言、服务及其他上千个方面都存在不同。语言服务行业的 LSP 有多少，他们的类型就有多少，而且每家公司都有其独特之处。我们在下一章将尽可能全面涵盖，让每一家公司都能从中获益。为此，我们有必要做出一些归纳。最简单的方法就是围绕一家典型的大型多语种 LSP 构建框架（见图 12），因为这明显是本书中最大型、也极可能是最复杂的市场参与者。适用于大型多语种 LSP 的原则基本上也适用于更小型的 LSP，二者的区别只是规模更小而已。

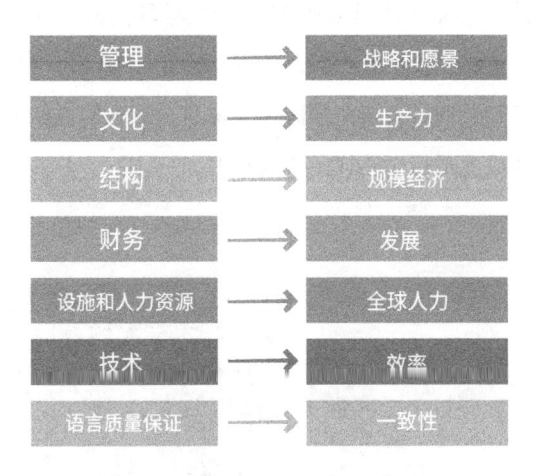

管理	→	战略和愿景
文化	→	生产力
结构	→	规模经济
财务	→	发展
设施和人力资源	→	全球人力
技术	→	效率
语言质量保证	→	一致性

图 12 支持活动提供服务，使核心功能发挥作用

请记住，本书的目的不是教你如何管理一家 LSP。这个问题没有一个绝对"正确"的答案，需要你自己去思考。你的业务结构取决于你如何确定自己的利基市场，以及如何设置企业机构，为顾客创造价值。

管理

任何管理团队的关键功能都是为公司的其他部门提供战略和发展愿景。制定发展战略和愿景的第一步是开展市场影响因素评估。LSP 管理层通过分析市场，就能清晰地规划目标，促进公司从现有的局面成长并实现希望达成的目标。通常，所得出的愿景最后会写入公司的愿景和宗旨（请注意：这些东西基本上都一样）。

虽然我们还没亲眼见到过，但是我们特别期待未来会有一家诚实的公司发布新的企业宗旨，简单到就是一堆钞票再加上几个笑脸的表情。或许愿景声明是 CEO 梦想着在马耳他买一栋度假别墅。毕竟公司的最终目的就是挣钱，特别是给老板挣钱，没错吧？虽然如此，但管理层应该负责向团队详细描绘要达到的目标（愿景），以及如何达成此目标的路线图（战略）。

> 愿景决定你的前进方向。战略决定你迈向该方向的计划。

通常做法是写一份宗旨、愿景声明，或者是定义公司的目标和最佳实践。管理层应当对发展业务或进入新市场的战略持开放态度，在行政管理链条中传达到位，保证整个公司的行动与愿景保持一致。

记住，LSP 只通过核心功能创造价值，而这通常不是高层的职责。经理的任务是实现并优化核心功能。如果管理团队不能与执行供应商管理、项目管理及销售这三项核心功能的团队保持一致，那么管理团队内部再协调也无济于事。

> 如果高管不知道员工的需求，那我可以打包票，员工也不知道其经理的需求。

公司的员工，特别是项目经理和销售人员，是公司与客户沟通最强有力的渠道。如果你认为员工的需求得不到满足没什么大不了的，那你就应该想想这会对你自己与客户的关系有什么影响。首先，心怀不满的员工客户服务质量低。其次，客户通常不会给 CEO 打电话解释需求。客户直接联系项目经理和销售人员，因为他们在这个层级上建立了日常的信任。

如果客户反馈的沟通渠道逐级上升到了管理团队层面，那么高层就会发现自己不仅脱离了员工的需求，也脱离了客户的需求。好消息是，如果公司与客户脱离了联系，他们就会发现自己需要维护的客户数量少很多，问题也就自己解决啦！

本书不会自以为是地告诉读者每一家 LSP 应该如何构建自己的管理团队或者是如何进行沟通。每家公司都是独特的，必须找到适合自己的方式。重要的是你要意识到这些挑战，这样无论你做何决定，你的愿景和战略都能够有效地传达给全球团队的全体成员，你们才有可能团结一致向共同目标迈进。

文化

任何组织的高层管理人员都面临一件重要的任务——为公司树立企业文化。公司的企业文化将会影响业务的方方面面，从员工保有率到顾客满意度，再到盈利能力，不一而足。值得注意的是，公司文化与员工的生产力直接相关。拥有健康企业文化的公司，团队成员工作效率高。有"毒"文化的公司，员工不开心，生产效率也低下。

由于行业的性质，这一点对于语言服务公司来说尤其如此。我们在市场影响因素评估部分讨论小镇效应的时候，就了解到语言服务行业内似乎人人都相互认识。这意味着不在乎企业文化的公司将难以找到高质量的员工，而且因为公司好坏取决于企业员工，缺少优秀的员工也会导致公司业务的各个方面都受到打击。

文化是自上而下的，没有例外。你可能听过有些人声称文化是从组织内部每个层级逐渐形成的，那是假的。即使真的是组织内部

逐渐形成的,那其发展也一定受到了高层管理人员的允许或支持。

公司各级员工都不停地想从经理身上找到提示,以了解自己该相信谁、自己该做什么以及怎么做。经理对待他们的方式最后也变成他们对待直接下属的方式,上行下效,贯穿整个行政管理链条。因此,文化一定是来自上层。但这并不是说其就一定是一纸命令或者是某份公告。文化是通过高层管理人员做出模范表率来培养的,尤其是CEO。如果你想要了解一家公司的企业文化,那就去了解他们的CEO吧。CEO的言行最能体现其公司的文化。

| 我们注意到,我们现在的斗志落到了有史以来的最低点。 | 我们对此非常重视,并且已经向外部的某位咨询顾问投入了上千元。 | 研究得出的结论是,你们只不过是一群爱哭鬼。回去工作! |

以下是大多数公司(不只是LSF)会列出的核心价值观:责任、尊重、勤劳,等等。我们来聊聊尊重。一家公司更新了网站,向世界宣称其核心价值观之一是尊重。他们会用PPT来展示,在公司新闻页上发表文章。销售团队向每一名客户介绍,尊重是我们的企业文化,体面对待他人是工作的重中之重。但是,假如这家公司的CEO做出了与其价值观背道而驰的行为,在同事面前贬低副总裁,或者是在背后说他们的坏话。那些副总裁也会跟着效仿,以相同的方式对待部门经理,最后这些部门经理又会对项目经理使坏。

文化需要积极维护。掌控公司文化需要付出努力,需要花时间,需要（喘口气）制定预算。培养并维护健康而富有成效的公司文化就像打理花园一样。

每年夏天，塔克都会种植蔬菜，这并非易事。塔克对菜园的最终结果负责，但他也受限于自身处境。他不能强迫菜园按照自己的意愿发展。假设他希望菜园能长满西瓜和秋葵——但是，这将是一个愚蠢的决定，因为这些作物根本不能在当地种植，他最后会非常失望。另外，如果塔克不想种植任何蔬菜或不维护花园植栽床，那在生长季节结束时，花园就会长满杂草和其他塔克不想要的东西。但是，如果塔克种植羽衣甘蓝、甜菜、菠菜以及所有能在该区域生长的作物，这就是一个明智的决定，因为最后的收成一定比较好。不过，塔克只是一个园丁，还有其他许多因素值得考虑，比如天气、种植季节的长短，还有去年把塔克的南瓜吃光了的那些天杀的鼹鼠。塔克可以尽全力地种植，努力确保收成达到预期。但是塔克也应当灵活应对，要意识到尽管自己可以种植和维护菜园，但左右不了植物的生长。菜园自有其生长规律。

本地化公司的高级管理人员负责创造文化，就像塔克负责种植菜园一样。他们必须基于当地文化的约束条件，做出如何引导公司文化的重要决定。可以通过树立表率来构建所需的企业文化，因为员工将以经理为榜样，而不是按照被告知内容行事。最后说一遍：文化是自上而下的。

结构

随着公司的发展，组织架构将变得越来越难以管理。通常，向经理汇报工作的人数上限在7人左右。如果超出此上限，事情就容易超出经理的控制范围，掌控难度增加。LSP 也是如此，特别是经理需要管理时区不同的远程员工时（见图 13）。

示例：按位置划分的结构

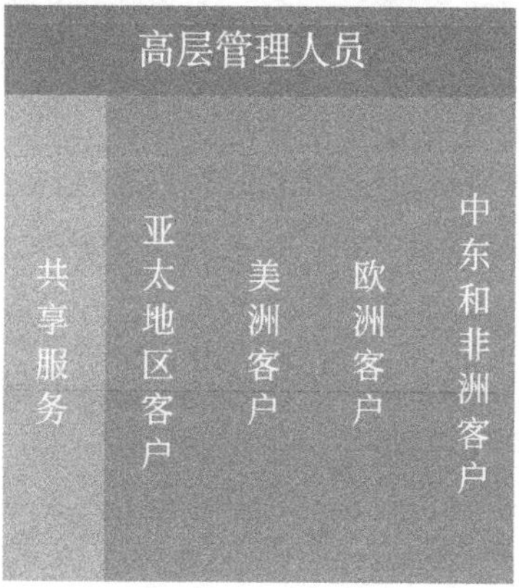

高层管理人员				
共享服务	亚太地区客户	美洲客户	欧洲客户	中东和非洲客户

图 13　按位置划分的 LSP 结构

你大概已经注意到了，本行业没有任何适用于所有 LSP 的普遍规则。你在为公司设置报告结构时也是如此。公司结构主要取决于其特定的情况。这并不是说组织的结构和架构是随心所欲或毫无意义的。关键是要定义一种组织结构，让你能够通过核心功能尽可能地创造价值。要更好地实现核心功能，主要方法是搭建组织架构，让你在业务增长时最大限度地利用规模经济的效益。

帮助你确定公司组织架构的关键因素之一是顾客的类型以及向顾客提供服务的方式。你的组织架构需要支持你的交付方式，从而提供最佳、最有效的服务来满足客户需求。此时，针对你所在的利基市场开展细致的市场影响因素分析，有助于你很好地了解如何设置团队结构（见图14）。

示例：按行业（垂直领域）划分的结构

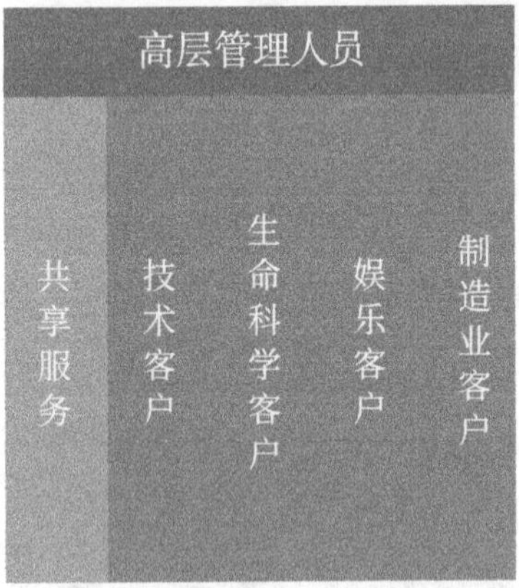

```
高层管理人员
共享服务 | 技术客户 | 生命科学客户 | 娱乐客户 | 制造业客户
```

图 14　按垂直领域划分的 LSP 结构

你是否拥有大批量、高度自动化的业务流程？自动化有助于减少项目经理，这意味着可以缩减监督项目经理的经理团队。换言之，内部成本可能不再是问题。你还可以把工作集中在内部团队而不是将工作外包到成本更低的地方，从而只需把翻译工作分配给境外译者。

或者，也许你的顾客会提供稳定且可预测的工作量，但在工作时间内需要更多的项目管理支持及译者，因此需要更具个性化的联系。此时，你需要设置更多（以及更出色）的项目经理，也许还要考虑制定一个内部译员团队模式以密切掌控团队（见图15）。

示例：按流程划分的结构

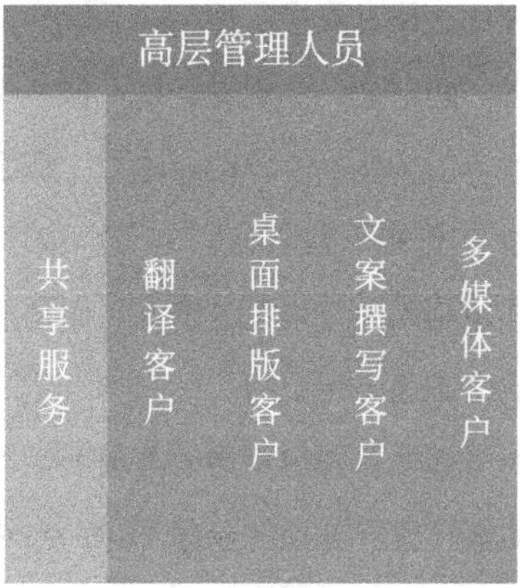

```
┌─────────────────────────────────┐
│         高层管理人员              │
├───┬─────┬──────┬──────┬────────┤
│共 │翻   │桌    │文    │多       │
│享 │译   │面    │案    │媒       │
│服 │客   │排    │撰    │体       │
│务 │户   │版    │写    │客       │
│   │     │客    │客    │户       │
│   │     │户    │户    │         │
└───┴─────┴──────┴──────┴────────┘
```

图 15　按流程划分的 LSP 结构

对于所有 LSP，特别是规模较大的多语种 LSP 而言，一定要考虑哪些地方可以通过整合服务于相似客户的团队，实现规模经济。你也许需要结合多种因素，将客户整合到不同的团队里。可能有特殊团队使用某种特定的流程或者购买特殊服务来管理所有的客户。将某些客户或流程归为一类，有助于培养起特定的技能。你还可以围绕垂直市场来构建专业团队。对于需要大量专业知识或特殊资质的垂直行业（例如，生命科学或政府外包项目），这可能是一个不错的决定。

请注意，我们需要区分的是，真正重要的是将管理不同客户或工作类型所需的经验进行分组，而不是对工作类型进行翻译。请记住，LSP 不是翻译公司，而是提供服务的公司。如果你的公司赢得了为政府机构管理大型药品法律合同翻译的合约，那么你将使用的翻译人员与竞争对手若赢得合约时所使用的翻译人员相同。

你的价值是通过管理此过程实现的。所以，为了实现你的目标，真正重要的是管理此工作过程中所涉及的系统知识。将需要不同管理方式的工作放在一起不会产生规模经济，但如果某些特定客户或垂直行业需要某些专门技能来管理翻译流程，那么将它们整合在一起就可以最大化地利用规模经济的优势。公司架构通常第一眼看上去很混乱，这不一定是因为公司犯过错误，而是因为业务规模变大之后，公司逐渐演变成这个样子的。

例如，（在所有其他条件都相同的情况下）不需要为制造业的客户和技术行业的客户建立单独的业务部门。当然，不同的客户需要使用不同的翻译人员，但是从项目管理的角度来说，总流程相差无几。如果所需的工具、证书（如政府安全许可或者ISO认证）或项目管理技能没有差别，那么也不必组建不同的部门。

财务

财务是LSP需要拥有的关键支持服务之一，目的是确保企业成功与发展的持续性。与其他支持活动一样，在为顾客执行和提供语言服务的过程中，财务实际上并没有增加价值。但是，财务部门能够保证提供资源支持业务增长，为其他团队成功执行核心功能创造环境。

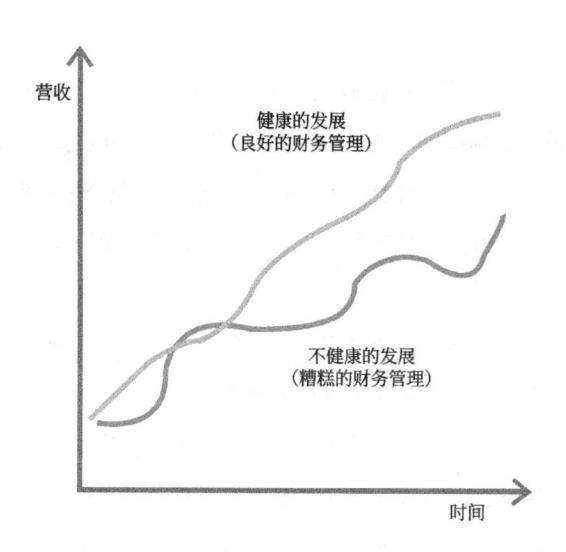

图表：
- 纵轴：营收
- 横轴：时间
- 健康的发展（良好的财务管理）
- 不健康的发展（糟糕的财务管理）

企业成长需要大量投资。财务支持活动能够在保证健康利润的同时，确保有足够的资金来投资于企业的增长活动。如果 LSP 是上市公司或者依赖于外部投资者，那么财务部门就愈发重要。上市公司的存亡取决于其季度报告上呈现的财务健康状况。

我们来看看财务部门如何帮助公司发展。如果公司的策略是赢得新客户，促进增长，那么你就要在销售和市场方向进行投资。LSP 在此领域开展的活动越多，他们赢得新客户的机会就越大。很明显，是吧？

不过，一旦赢得了这些新客户，下一步想要继续增长则需要更多的投资。对于每个新客户，LSP 都需要聘用新的团队成员，招募并训练其供应链，制订质量管理计划以及对 CAT 工具进行投资。可能从第一天起这就不是一笔会有所回报的冒险投资。在订单逐步增加并在开出发票之前可能需要数月的时间，到客户付款又需要好几个月。有的 LSP 要为一个新客户努力工作六个月才会收到第一笔钱。

这项投资需要手头持有现金，这意味着 LSP 目前不仅要增加收入，而且必须要有利润，因为要用利润支撑再投资进而确保增长。财务部门有责任监控业务，确保公司的发展有利可图，并着眼于利润。财务和会计实务因公司而异，但通常注意三个关键指标：

- 毛利：总收入减去卖出商品的总成本。这个数字可以用来观察运营任务是否得到有效地执行。
- 净利：从毛利中减去所有的运营费用，比如总的行政管理费用、与销售及市场相关的费用以及其他管理成本。
- EBIDTA：EBITDA 是指税息折旧及摊销前利润。这对于上市公司或想吸引外部投资的公司特别有用，因为它是外部分析师评估公司绩效的有用工具。

可以通过公司财务报表（通常每季度编制一次）来计算这些数字。财务部门需编制和密切监视这些财务报表，以确保 LSP 处于健康状态，即使在发展阶段也是如此。时间一长，很容易就能分辨出那些不善于管理财务的 LSP。这些 LSP 的特征是时而健康成长，时而停滞不前。他们没有投资于必要资源来维持健康的发展，导致要么停止发展，要么失去客户。

设施

任何能连上互联网的人都可以快速查阅 LSP 网站的"位置"，观察大多数 LSP 都集中于何地。

如果你在语言服务采购方工作过，而且曾不得不看完 LSP 一整套销售 PPT，你就一定会注意到其中有一张"全球战略"的幻灯片。他们会放上一张世界地图，画上彩色的小点，表示他们在全世界各个地方都有据点。某些公司甚至会使用不同的彩色圆点，以注明每个位置是生产中心、区域销售办事处、语言支持中心还是公司办事处。

LSP 通常会在客户或供应商所在地附近设立办事处。例如，成熟的多语种 LSP 在全球至少有三个办事处。在欧洲、中东和非洲（EMEA）、亚太地区（APAC）和美洲的办事处将确保公司覆盖了全部时区，可以与全球各地的供应商紧密合作。基于目标客户以及这些顾客的位置，这些办事处中将会有一间设立在顾客群体周围。

开设这些全球办事处需要遵守当地法规，员工也需要经常长途奔波，这可能会让业务变得很复杂。因此，这是一项多数多语种 LSP 都会谨慎追求的战略。尽管价格昂贵，但这是增加全球人力并支持项目管理、供应商管理和销售核心功能，使之为最终客户增加价值的必要步骤。

客户接近度

寻求与科技公司合作的 LSP 当然会涌向西雅图和旧金山。但是，也有大量的 LSP 位于波士顿，服务于生命科学领域的客户；位于洛杉矶，服务于娱乐业的客户；位于得克萨斯州，服务于石油和天然气领域的客户；位于蒙特利尔，服务于游戏业的客户。在西雅图维持一间办公室的成本可能是在班加罗尔的四倍，但这是 LSP 愿意为接近客户而付出的代价。贴近客户可以使销售团队与客户建立更牢固的联系，从而增加价值。

那么，如果 LSP 所提供的服务是全球性的，为什么还需要与客户紧密联系呢？从理论上讲，位置无关紧要，对吧？这是因为这就是绝大多数客户的需求（或者至少是他们认为的需求）。即使有了所有花哨的新式 Skype 和 Google Hangouts，客户最终仍希望与 LSP 建立联系。如果相距 3000 英里或处于完全不同的时区，则很难建立这种联系。尽管在当今的商务环境中，劳动力全球化的想法非常活跃，但是由于人们仍然坚持旧的工作方式，实践似乎没有跟上想法。

供应商接近度

LSP 开设办事处的第二个原因是他们希望离供应商更近。但是，此处提到的接近是时区上的接近。在每个目标语国家都开设办事处也不现实。幸运的是，维护供应商关系的成本要比维护客户关系低得多。

跨越多时区的交付

星期二	星期三	星期三
5:00 PM	2:00 AM	9:00 AM

在不同的时区开设办事处能够让公司与各时区处在工作时间的供应商保持联系，以便生产团队通过项目管理核心功能创造更多价值。供应商经理还可以更便捷地接触语言团队，从而更好地管理其与供应链的整体关系。如果 LSP 建立了妥当的设施，那他们 24 小时都会有位于亚洲、欧洲和美洲的团队处于每天八小时的工作时间中。这样一来，他们不需要加班就可以为客户增加更多的价值。

人力资源

人力资源部是所有公司中最容易被忽视的部门之一，在语言服务行业也是如此。但是，LSP 不重视人力资源管理的后果会极其危险，因为除了所有行业面临的常规人力资源挑战之外，现在的全球环境还更加复杂。

对于当地的小型 LSP 来说，情况也许不算太麻烦。如果公司只在一个地方设立办公室，雇员不多，那也许连人力资源部门都没有。人力资源职能很可能由公司所有者或其他经理来承担，只是作为其众多职责的一部分。但是，如果公司成长起来，那最好还是仔细审查公司的人力资源管理，确保公司正朝着成功的方向迈进。

劳动法

已经走向全球的公司深知管理来自多个国家的团队是一桩错综复杂的任务，需要考虑每个国家不同的劳动法规。对于已经在语言服务行业工作了一段时间的人来说，这也许已经成为常识，但是对于没有国际工作经验的人来说，这可能不是那么直观。

遗憾的是，劳动纠纷及诉讼在语言服务行业并非罕见。即使是最庞大、全球化程度最高的 LSP 也要劳心费力地应对不断变化的劳动法，而一旦犯错，就得付出高昂的代价。下面，我们将讨论开设当地办事处并由当地人力资源部门提供支持的作用，以及使用专业雇主组织（PEO）雇用当地人才的优势。两种方法都能保证你遵守当地的法规。当公司开始扩展到新的国家/地区时，使用 PEO 将是明智之举，但是随着业务和团队的发展，更加谨慎的做法是在当地正规投资，以期扩大运营，业务范围覆盖到这个国家/地区。

专业雇主组织（PEO）

许多国家或地区的法律严格限制了充当雇主的条件，有时国外雇主不能在当地雇用人员。LSP 可以利用 PEO 的中介服务来解决这个问题。

技术

过去，翻译是一项手动过程。文档邮寄给翻译人员，翻译人员（用打字机）翻译完毕后再邮寄回来。当时没有电子邮件，没有CAT工具。换个角度：雷纳托创办第一家翻译公司时，他的第一笔业务费用就是以1500美元的价格购买了一台传真机。都是过去的时光了！

> 语言服务提供商经常使用的工具
> TMS——翻译管理系统
> QMS——查询管理系统
> TM——翻译记忆库
> CAT——计算机辅助翻译
> MT——机器翻译
> AuToLQA——自动化语言质量保证
> SCMS——供应链管理系统

时代变了，当然，今后还会继续变化。无论我们怎么想，科技已经融入了语言服务行业。翻译管理系统（TMS）帮助语言服务采购方和LSP管理复杂的内容库；集成的计算机辅助翻译（CAT）和翻译记忆库（TM）大大地减少了翻译字数；查询管理系统（QMS）和自动化语言质量保证（AuToLQA）系统为翻译人员提供提升工作效率所需的工具，进而提高质量。机器翻译技术每天都在进步，现在已经能为成本敏感的语言服务采购方翻译大量内容，这是过去想都不敢想的事。

这些技术的共同点在于能促进效率提升。更高的效率意味着更高的生产量和更低的成本。无怪乎技术已经成为语言服务行业的第一热门话题。

我们在讨论市场影响因素评估的时候已经提到了技术和自动化。我们在讨论替代服务的时候还专门提到了机器翻译和流程自动化等技术。但是，如果你稍加注意，就会发现技术和自动化贯穿了所有五个市场影响因素，比我们到目前为止讨论的任何其他因素都多。技术是推动语言服务行业发展的原动力。人们一直在要求 LSP 做到事半功倍，在翻译人员克隆流程变得完美之前，唯一的办法就是技术和自动化。

技术系统能够跟踪日益复杂的供应链，支持供应商管理的核心功能。多年前，人们依靠黄页建立供应链，并借助台式卡片索引进行管理。装满名片的活页夹就是你所信赖的供应商。如今，人们可以构建复杂的数据库来跟踪供应商信息,包括可用性、费用、专业化水平和你需要的其他任何数据。许多 TMS 还预装了供应链(供应商)管理系统。

项目经理可能从中获益最大,因为他们可以使用 TMS 或 CAT 工具来帮助管理翻译流程。这些工具的集成度与日俱增,每次更新都会推出辅助项目经理的新功能,甚至可以将项目管理核心功能的许多方面完全自动化。如前所述,流程全自动化是语言服务行业可望而不可即的目标,已经有很多投资涌向了该领域。技术目前还没有完全取代项目管理的需求,但发展迅速。利用当今可用的技术,一位项目经理就可以有效地处理十年前需要 10 名项目经理才能做的工作。

甚至销售人员也能从新技术中受益。顾客关系管理系统(CRM)并非该行业独有,但可帮助 LSP 开展销售增值活动。这种技术使销售人员可以更好地了解每个顾客的特定需求,为其提供专门的咨询,并提供满足其需求的语言服务。

在语言服务行业不断发展的背后,技术是,并且将继续是最具影响力的推动力。我们对此充满信心,因为这一基本事实在不久的将来都不会改变。不管你是本书刚出版后就读到这句话的,还是十年之后在巴诺书店清仓活动时看到的这句话,情况都是如此。提高效率的需求将保持不变。语言服务采购方将继续要求以更少的钱满足更多的需求,而 LSP 将继续转向最新的技术和自动化来满足这一需求。

语言质量保证

最后,我们开始探讨有关质量的话题。你可能已经注意到我们在本书中还没怎么谈到质量。你可能还注意到，质量保证被归为支持活动，而不是核心功能。你可能会问，销售是一项核心功能，而质量仅仅是一项支持活动，这是怎么回事？出错了吗？答案很简单。因为质量保证不能增加价值，因此不是 LSP 的核心功能。

质量并不重要！

举一个与大多数人都相关的例子。你有没有雇过水管工？（如果你还没有，那么假装有过，这样我们很快就能说完。）作为一名精明的消费者，你可能进行了一些研究，查找过多位水管工，并阅读在线评论来比较他们的质量。很可能任何有负面评价的水管工都会被排除在外。然后，你的名单上将会有 5 个具有良好评级的水管工。接下来，你可能会选择最便宜的（价格敏感），或者选择离你最近的（可用性），或者选择了朋友推荐给你的（客户忠诚度）。现在，如果你最后雇用了那名水管工并且他工作做得很好，那你下次有可能继续用他也可能不用他。但是，如果他做得不好，你肯定不会再用他了。

质量是你搜索的第一准则，但不会成为你雇用他的原因。这是因为，质量是必要条件，不是可选条件。水管工不是因为做得好才有钱拿，只要干活了就有钱，虽然你的期望值是要他们把活儿干好。

语言服务行业也是如此。客户期望LSP提供高质量的翻译作品，但他们得不到额外奖赏。LSP犯的最大和最常见的错误之一是，他们认为自己可以凭借质量而与众不同。每家LSP都在吹嘘自己的质量，声称比竞争对手更优异。但是，所有竞争对手都声称自己的质量才是最佳。现实是，公司之间的质量难分伯仲。

但是，这并不是要淡化语言质量的重要性。相反，强大的质量管理对于LSP来说至关重要。没有质量会让你失去工作，就像把你家马桶弄得一团糟的水管工一样。我们的意思是，质量差肯定会失去顾客，但是质量好也不足以留住顾客。

请记住，语言服务采购方通常看不懂他们需要翻译的语言。对他们来说，无论是否满足期望值，翻译只是一项可交付的产品。大多数情况下，他们无法辨别质量高低。语言服务采购方在该行业购买服务时并不是在购买质量，他们购买的是通过语言服务价值链增加的价值。

良好的语言质量保证（LQA）能帮助 LSP 通过核心功能继续增加价值。LQA 流程可通过供应商管理核心功能来确保供应链的能力。项目经理需要依赖 LQA 流程为客户提供高质量的服务。质量问题越少，意味着花费在项目管理上以纠正错误的时间就越少，通过销售核心功能来管理顾客不满的时间也就越少。

三大核心功能

从《翻译公司基本原理》架构图（见图16）可知，LSP受到市场影响因素的影响，同时获得支持活动的支持。由LSP执行的核心功能位于图的中心。支持活动与核心功能的主要区别很明显。两者皆为LSP必须开展的活动，但是中间的核心功能代表LSP为语言服务价值链增加价值的核心能力。正是这些核心功能才能有效区分LSP与客户。

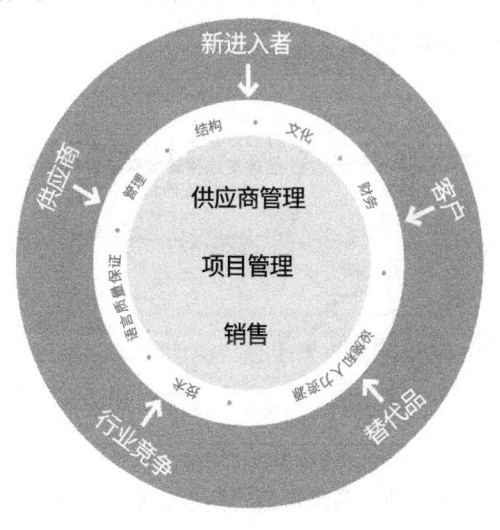

图16 核心功能及其创造的价值

这并不是要淡化市场影响因素评估或支持活动的重要性。没有前者，你不会知晓前方有何挑战与机遇，也将很难在行业中找到自己的利基市场。没有后者，你将无法有效执行核心功能。

本书有意把核心功能放在了最后，尽管它们无疑是最令人激动的话题。单就这一点我们本可以写一整本书，不过仅从这个角度看待语言服务行业是过时落伍的做法。与其认为核心功能比市场影响因素评估或支持活动更重要，还不如将核心功能视为二者的结果。

我们希望本书能赋予 LSP 更强的掌控力，助力他们获得成功。我们知道，这是一个复杂且不断变化的行业，从业者很容易陷入绝望无助，在无法控制的因素上钻牛角尖。本章将重点介绍你绝对可以发挥最大影响力的领域。战略性的市场分析以及支持活动将有助于核心功能做出决策和实现战略。在先前的讨论中，我们已经掌握了相关知识，建立了基础架构，有能力在供应商管理、项目管理和销售的三个关键领域中有所作为。它们将引导你为客户创造价值，助你在竞争中脱颖而出。

> 核心功能是语言服务供应商能够直接为语言服务价值链增加价值的核心活动。

请注意，我们使用的是术语"核心功能"，而不是平常所说的"核心能力"。这是我们刻意为之，表示二者之间存在重要的区

别。我们认为,"能力"用于描述公司内部的个人或由个人构成的团队,而"功能"一词则表明这是公司内部每个人都可以执行的功能,这一点非常重要。

例如,项目管理的核心功能并不一定完全由项目经理来执行。项目管理的功能可以在多人之间分配,不论他们的头衔如何。相反,小公司完全可能会出现一个人(如老板)亲自完成所有三项核心功能的情况。在这两个例子中,头衔都不如所执行的功能重要。正因如此,我们称其为"核心功能"。但是,你可以自由地切换使用"功能"和"能力"这两个术语,只需牢记我们所谈论的是被执行的功能,而不是执行这些功能的个人或团队。

本书的第一部分谈及语言服务价值链中的各个关键参与者,其中包含各个不同层面的 LSP 和签约译员,他们相互协作,为最终用户——语言服务采购方创造价值(见图 17)。

再次审视上述价值链,我们就能发现整个过程有大量的外包任务,尤其是涉及语言服务的"语言"部分。处于链条顶部的语言服务采购方与底部的签约译员(CLP)之间似乎相距甚远。为何采购方和生产者之间需要跨越如此众多的步骤和不同的公司?我们希望到本书结束时,答案会一目了然。语言服务价值链中的每个参与者都通过其核心功能提供增值服务,并根据其在整个流程中创造的价值适当地提高费用。随着工作从价值链的底部向上流动,价值不断积累,导致语言服务采购方所需支付的费用更高。

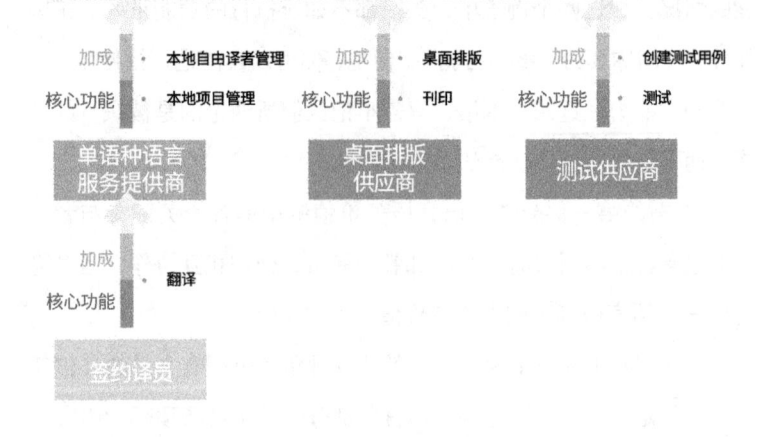

图17 行业中的每个参与者都对语言服务价值链做出贡献

最终结果是，语言服务采购方得到最终产品（或服务）时，其价值比直接从翻译人员处购买要高得多。核心功能以外的任何活动都不能直接创造价值，而是通过支持核心功能间接地创造价值。自由译员通过翻译创造价值，因为这是他们的核心功能。LSP 通过供应商管理、项目管理和销售三大核心功能创造价值。该过程中的每个步骤都会增加价值。

本节将进一步探讨这三大核心功能，展示它们如何为语言服务价值链创造价值。

核心功能：供应商管理

几年前，雷纳托就职于一家国际大型多语种 LSP，担任供应商管理团队的负责人。当时该公司正在经历一些重大的转型，供应商战略十分混乱。供应商管理团队没有明确的目标，这种模糊性也影响到了团队本身。在过去的五年中，团队经历了许多变化，甚至没有人能弄清自己的职责或工作方法。雷纳托意识到团队缺乏明确的目标，他将所有人拉到一个房间里，然后提出了一个问题："你到底是干吗的？"

团队成员给出了各种答案。其中一人回答道："减少供应链成本！"还有各种回答："管理供应商关系！""提高供应商质量！"房间里有多少个人，答案就有多少种，没有哪个答案一定是错误的。

这时雷纳托发话了："慢慢来，别把事情弄得太复杂了。作为供应商管理者，我们最基本的工作是什么？请用两个字回答。"团队陷入思索之中。从某种意义上说，这么问还有点儿无礼，因为他们要将极具挑战性的工作浓缩为两个字，这可能无法体现出其工作的复杂性。雷纳托自己回答了："找人。"

供应商管理团队的工作是寻找人才。当然，现在的供应商经理还有其他许多事务缠身，但是从本质上讲，任务就这一个：找人。

LSP 很少使用内部译者，大多数语言服务都外包给较小的 LSP 或自由译员。没有这些小供应商，LSP 将无法实现预期的基本功能，即提供语言服务。因此，供应商管理对于 LSP 而言至关重要。供应商经理必须确定并开展一项结构化计划，以便招募和管理将为客户提供服务的人才。

本章将更详细地探讨如何通过供应商管理执行此项基本任务。

但重要且需要再次提醒的是,我们在讨论该话题或 LSP 的任何核心功能时,我们讨论的是功能,而不是人员。

我们使用术语"供应商管理"来描述此功能,但无论它被称为"供应链管理""采购""人才猎取"还是其他什么都无所谓。功能是相同的。有时,供应商管理责任甚至由项目经理或工程师来执行。在有些小公司,老板会亲自完成所有事情。因此,在讨论这些概念时请记住,即使你的职位不是供应链经理,你也可能会发现以下讨论的一些想法与你在组织中的职能有关。

创造价值

如前所述,用两个字概括供应商经理的工作,那就是"找人"。有人可能会说,供应商经理的职责是"找人才"。我们不反对这种看法,只不过"找人才"是三个字。当然,我们确实希望找到人才。供应商经理需要找的是能创造价值的人才。人才创造价值,价值产生金钱,金钱带来利润。就这样简单。

供应商经理可能犯的大错之一就是仅关注价格。这种情况一直存在。当然,在进行选择之前必须考虑供应商的价格。供应商经理需要与选定的供应商协商最优价格。某些项目的预算可能很吃紧,因此做决策时价格的确十分重要,但是,在挑选外部供应商之前,价格只是需要考虑的因素之一。

供应商经理每次挑选合作对象都需要进行成本效益分析,要衡量供应商涉及的成本与风险及其潜在效益。但请注意,价格与成本之间存在微妙的区别。成本不仅仅是价格,还包括与一名特定供应商打交道的全部成本,价格只不过是采购订单上的一个数字。

缺乏经验的供应商经理会过度关注价格,但成熟的供应商经理还要关注一系列可能会增加/减少价值的因素,比如守时性、响应速度、工作质量、顾客服务、阅历、灵活性、可用性、积极性、可扩展性、地区、对团队协作的接受程度等等。供应商在这些因素中的排行会影响其创造的价值量。必须根据项目需求仔细分析每项因素,计算出每家供应商所能创造的最佳值。最佳值指的是通过不同因素为某一项目增加的净值,这些因素是依据项目需求和所有实际与潜在成本来权衡确定的。

每个项目都是独一无二的,因此没有固定的流程能计算出所有任务的最佳值。在各个项目中,不同因素的权重也各不相同。假如你有一个非常紧急的项目需要尽快交付结算,此时,必须更重视速度而非质量。而在另一个项目中,你的时间很充裕,但客户对质量非常敏感,所以你就不必过于重视这个项目的完成速度,因为如果急于求成,那么质量必然堪忧。在这种情况下,供应商经理需要依据重要性权衡每个因素,以求得最佳值。

为此,供应商经理需要进行两次评估。第一项评估的目的是了解项目需求。第二项评估是了解供应商的净值,并细分为不同的价值类别。完成这些评估后,你可以整合信息,对比各家供应商,从而选出最适合承接项目的供应商。

> 最佳值指的是通过不同因素为某一项目增加的净值，这些因素是依据项目需求和所有实际与潜在成本来权衡确定的。

项目要求评估

第一步是要了解供应商将参与的项目或方案的要求。你面对的可能是一个小型项目，也可能是一个持续时间较长的方案。客户的唯一要求就是项目或方案的要求必须保持始终一致。举个例子，如果你在评估一个长期方案的项目要求，那么这些要求不可随着方案内不同小型项目的变更而改变，该方案中的每个小型项目都应有统一的质量、时效性等要求。一旦确定了需评估的方案范畴，你就需要列出对方案供应商的要求。几乎所有方案都需要报价，因此价格应该是要求列表里的第一项。你可以先阅读下面的列表：

项目需求

价格

时效性

质量

地点

可扩展性

经验

列出项目要求后，添加一列数据，从 1 分到 10 分对每个要求的重要程度进行排序。我们称为特定值乘数（SVM）。当然，并非所有要求都能达到 10 分。如果你喜欢将所有项目要求都列为 10 分，那么你就真的需要学学如何进行优先级排序了，不过本书并不打算过多涉及这一内容。举个例子，一个小型紧急项目可能在时效性上的特定值乘数能达到 10 分，但质量要求评级只有 5 分，如下例所示：

项目需求	特定值乘数（0～10）
价格	5
时效佳	10
质量	5
地点	1
可扩展性	8
经验	6

通过确定每个因素的特定值乘数，你便可以清楚地了解不同要求对项目的重要程度。这些数据将作为评估不同供应商的标准，计算出供应商是否适合该项目。

供应商评估

为了准确计算，务必要按照相同标准对供应商进行排序，要确保按照项目要求评估的指标进行评级。

供应商 1	
项目需求	供应商排名分值（0～10）
价格	8
时效佳	1
质量	0
地点	5
可扩展性	5
经验	5
总分：	24

供应商 2	
项目需求	供应商排名分值（0～10）
价格	2
时效佳	8
质量	6
地点	1
可扩展性	1
经验	2
总分：	20

在上例中，我们根据每个类别的评分排名，并计算每个供应商的总分值。供应商 1 的得分是 24 分，而供应商 2 的得分只有 20 分。乍一看，我们应该与供应商 1 合作，因为其得分更高。但话不能说得太早……

找到合适的供应商

请记住，我们的目标是找到每个供应商的最佳值，这意味着我们需要按照项目要求进行价值评估。而下一步是综合考虑两个评估的结果，得出最佳值评估结果。而这一步通过将供应商评估中每个类别的特定值乘以项目需求评估中的值乘数来获得每个类别的加权值。这些加权值的总和可以让我们得出任务最佳值。

供应商 1

项目需求	特定值乘数（0～10）	供应商排名分值（0～10）	加权值
价格	5	8	40
时效佳	10	1	10
质量	5	0	0
地点	1	5	5
可扩展性	8	5	40
经验	6	5	30
总分：	35	24	125

供应商 2

项目需求	特定值乘数（0～10）	供应商排名分值（0～10）	加权值
价格	5	8	10
时效佳	10	2	80
质量	5	6	30
地点	1	1	1
可扩展性	8	1	8
经验	6	2	12
总分：	35	20	141

正如上文的示例，事实证明即使猛一看供应商 1 增加的价值更高，但供应商 2 实际上具有更高的价值。这很好地说明了在每个供应商任务的特定背景下寻找最佳值的重要性。

即兴供应商管理

我们已将供应商管理核心功能描述为一种为 LSP 实现增值的因素，其通过确定和执行系统化计划，为语 LSP 招揽和管理人才，由后者履行待出售给客户的服务。我们在这个定义中提出了一个要点，即供应商经理能够通过制订系统化的计划来增加价值。

这又引出了另一轮讨论：即兴供应商管理和系统化供应商管理

之间的区别是什么？供应商管理功能的目标是尽可能地围绕项目构建系统，同时仍能够响应客户的需求。尽管我们说要"尽可能系统化"，我们也不是偷懒把标准降得太低。我们坚持实事求是。

即兴	系统化
· "我们刚刚签了合同，我们得快点找人干活了！" · "就算很贵，我们也得雇用第一波愿意接活的人。" · "竭尽全力完成任务，抄捷径也在所不惜，找个人干活就是了！"	· "查一下数据库看看哪个供应商具有最佳值，可以满足新客户的要求。" · "销售渠道已经饱和，最好做好准备，纳入新的供应商。" · "我们需要仔细检查每个新加入的供应商。"

要在语言服务行业中求生存，需要高度灵活和即兴发挥。并不是所有事情都能安排得规范稳妥。实际上，并非所有事情都应该始终保持完全系统化，因为这可能会弱化组织的灵活性。公司如果围绕供应商管理流程构建过多的机制，那不可避免的是，他们创建的系统将无法满足客户不断变化的需求。我们需要实现均衡发展。

即兴供应商管理（或灵活供应商管理）是基线，大多数新企业一开始也是这么做的。我们可以称为被动供应商管理，但这种方法不可取，因为"被动"（reactive）一词含义过多，通常带有贬义。严格来说，即兴供应商管理确实非常被动，但有时确实需要"被动的供应商管理"。

这种即兴管理方式肯定存在缺点。在进行市场影响因素评估时，我们看到供应商和买方议价能力会影响LSP，从而推动价格起伏。LSP采取这种被动的供应商管理方式，实质上是将大部分议价能力让给了供应链。在系统化供应商管理模型中，LSP主动构建包含签约译者和单语种LSP的网络。多个供应商可同时参与竞争，这削弱了他们的集体议价能力，最终降低其报价。与此同时，可以执行条款明确的合同和服务等级协议（SLA），并协商数量折扣。这些都需要一定时间，在即兴管理模式中都不可能实现。

"即兴战略"完全是子虚乌有。如采取即兴供应商管理模式，LSP将始终面临危机，需要不停从一个采购需求跳到下一个采购需求，根本没时间商讨定价或进行最佳值评估。这意味着此时选择供应商的主要原因在于其有时间并愿意承接任务，或者因为其报价最低。这些情况都未留出对供应商进行仔细评估的空间，极大减少了供应商经理能够为客户贡献的价值。供应商经理功能不再是流程中的增值步骤，而是简化为简单的危机管理。

举个例子，刚刚入行的小型多语种LSP可能没有资源去制订成熟的供应商管理计划，因此必须依赖即兴管理。也许他们已经做出了相应商业决策，降低供应商管理的优先级，将重心放在与业务增长更直接相关的领域，例如销售和项目管理。这种情况在小型LSP中很常见，他们往往没有足够的资金和资源来建立更高级的流程。

假设这家小型多语种LSP签了一个新合同，要将一份药品专利从德文翻译成波兰文，而这家公司可能不具备拥有生命科学领域合同翻译经验的团队能够胜任这一任务。此时，他们只能即兴发挥，在客户需求的驱动下，被迫采取被动的供应商管理做法。在缺少系统结构的情况下，即兴供应商管理策略聊胜于无。他们别无他选，只能即兴发挥。

但如果他们采取更有效的策略会如何？我的意思是多语种LSP可以积极收集并维护可用于此类项目的潜在资源信息。一旦与顾客签订合同，数据库中就已经有现成的翻译人员可供选用，而这些翻译人员也是按照最佳值分析的结果挑选出来的。

但采用这样的系统化战略就意味着供应商管理团队需要为所有可能的情况做调研、寻找相应的人才，从而为可能进行的项目做准备。没有人有时间做这些。无论多语种LSP的规模有多大，采取这种系统化的供应商管理战略的意愿有多强，可行性都为零。重点是，无论多语种LSP的规模多大，供应商管理战略有多系统化，在某些情况下，仍然需要灵活应变，快速响应顾客的需求。有系统化的策略总比没有要好，但总会有需要采取"终极手段"的情况，此时便需要随机应变，即兴发挥。

系统化供应商管理

在前例中，我们指出了即兴供应商管理在某些情况下是必要的，注意我们使用了一个重要的限定词："在某些情况下"。所以当我们说"必要"的时候，情况真的很紧急，没有其他选择。基本上可以说，为了满足顾客的需求，在没有其他更好选择的情况下，即兴应变是必要的，需要立刻采取快速的行动。系统化供应商管理的目标是应用系统和流程，尽可能减少不得不即兴发挥的情况。

即兴供应商管理的重点是采取行动，系统化供应商管理的重点是策略和规划。系统化供应商管理就像一位象棋大师，总是能提前十步预判棋局走向。即兴供应商管理就像塔克下棋，每一步棋都胆战心惊、浑身大汗，嘴里骂骂咧咧，还想趁对手上厕所时作弊。

系统化供应商管理会预测 LSP 对供应链的需求，主动采取行动来满足这些需求。对于专攻某些语言和垂直领域的公司，这一过程可能相对简单。如果你的 LSP 主攻以欧洲语言为目标语言的法律翻译，那么你便可以主动构建一条专门的供应链，专攻此领域和主要的欧洲语言，这样一来，如果有大项目找上门，你就不会措手不及了。你甚至可以建设额外的资源库，以应对需求高峰。还可以对招募到的每个供应商进行评估，并将评估结果存储在一个规整的数据库中，随时用于分析这些资源是否可用于潜在的新项目。

你可以提前考虑，主动与供应商协商降低费率，因为你能提供更多的工作。与其逐个小项目地协商价格，你可以基于整个大项目进行议价。这种操作以数量折扣的形式出现，如果 LSP 可以保证一定的工作量，那么供应商还是乐于降低费率的。对于大型多语种 LSP，可能有十几个项目经理在为十几个不同的客户提供服务。这些项目的规模可能略小，因此每个项目都没有数量折扣。此时，供应商管理的价值体现在能够整合所有项目的议价空间，与供应商达成更好的条款，为每个不同的项目增值。

在即兴供应商管理需求的示例中，多语种 LSP 承接的项目完全超出了其核心能力。也许他们从未从事过药品合同翻译，也许他们也从未从事过从德语到波兰语的翻译工作。因此，他们处于一种被动、无法采取策略的境地，无法提前制订计划，只能直接采取行动。

尽管上述项目完全超出了公司的核心业务范畴，但如果采用系统化供应商招聘方法，此类窘境就可以得到缓解。可以实施相关的流程帮助供应商经理更好地了解销售渠道，从而正确预测即将到来的供应链需求，提前开展招聘。新客户在签订合同之前基本都会告知相关事项。通常，销售团队在争取到新项目之前会与客户商谈数周甚至数月。通过分析销售团队可能带来的新客户，供应商经理可以主动开始调整资源以满足新客户的需求，这也最符合销售团队的利益，因为这意味着新客户也将从供应商管理中获得最大的收益。

战略性供应商管理

可以将供应商管理比作医院的急诊室。如果你被担架抬进急诊室，你最不想要的就是医生和护士即兴发挥。因此，急诊室拥有相应流程，确保你能获得最佳的治疗。这是一个系统机制。

但是我们该如何应对计划之外的情况？在遇到自然灾害或英国足球流氓骚乱之后，可能没有足够的专业医疗人员，也许血浆不足，或者没有足够的床位或病房。在这种情况下，医务人员如果能即兴应变，反而能解决问题：让护士顶替部分医生的工作、在走廊中搭起临时病床以容纳过多的病人。当然，这些做法并非理想之举，但总比什么都不做强。

　　同样，在本地化行业，总有些情况下需要即兴发挥。这不是最佳选择，但有时确有必要。与项目管理一样，供应商管理的难度也很高，非常高。但这对 LSP 来说是个好消息，因为如果难度很低，顾客就会选择自己做。就供应商管理而言，LSP 可以为客户实现很多增值，这不仅可以通过实施系统化的供应商管理策略实现，也可以通过灵活应变来实现。两者都需要有足够的发挥空间（见图 18）。

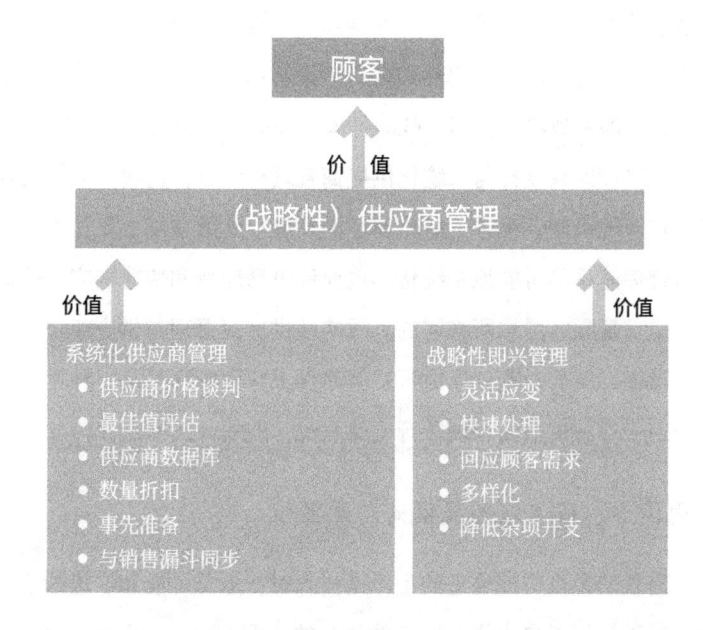

```
                    ┌──────────┐
                    │   顾客    │
                    └──────────┘
                         ↑
                        价值
          ┌──────────────────────────────┐
          │   （战略性）供应商管理        │
          └──────────────────────────────┘
               ↑                      ↑
              价值                    价值
    ┌──────────────────┐    ┌──────────────────┐
    │ 系统化供应商管理  │    │ 战略性即兴管理    │
    │ • 供应商价格谈判  │    │ • 灵活应变        │
    │ • 最佳值评估      │    │ • 快速处理        │
    │ • 供应商数据库    │    │ • 回应顾客需求    │
    │ • 数量折扣        │    │ • 多样化          │
    │ • 事先准备        │    │ • 降低杂项开支    │
    │ • 与销售漏斗同步  │    │                   │
    └──────────────────┘    └──────────────────┘
```

图 18　系统化供应商管理和即兴供应商管理增加价值的不同方式

　　我们已经看到，小型多语种 LSP 无法实施系统化供应商管理流程，因而无法扩展其供应链。我们也看到了大型多语种 LSP 过于关注系统而忽略了随机应变，从而陷入窘境。大型多语种 LSP 可能系统化程度过高，以至于没有快速行动的空间。在这种组织中，供应商经理通常会将自己视为管理现有供应链的关系经理。他们建立了一个能够满足多语种 LSP 需求的供应链，因此集中精力处理与供应链的关系，而不是招募新的供应商来开展新项目。一段时间之后，供应商管理部门变得自满，失去了招募有才能、有经验的新供应商进入供应链所必需的技能。他们忘记了作为供应商经理的职责，即找人。

无论是系统管理还是随机应变、制订计划还是采取行动，都需要足够的发挥空间。虽然采用完全随机、被动、即兴的供应商管理模式并不理想，但 LSP 仍然需要保持灵活性。在上文中，我们指出不存在"即兴战略"，但"战略性即兴发挥"是可行的。

战略性即兴发挥与系统化供应商管理相结合，构建了最佳实践模式和系统机制，促进了战略模型的发展。此类系统不仅让你的供应商管理体系尽可能地系统化，也允许灵活应变和快速响应，这通常也是满足顾客需求所必需的。战略性供应商管理是供应商经理的正确目标，但要时刻记住原因：战略性供应商管理只是一种工具，一种用于帮助供应商经理履行主要职责（即找人）的工具。

自由译者、语言服务提供商与最佳值

当我们说供应商经理的工作是找人时，意思可能和你想的不一样。对于依赖于自由译者或签约译员的小型 LSP，"找人"就是字面意思上的找人。对于与小规模单语种 LSP 合作的较大规模的多语种 LSP，"找人"的实际意思可能是找到能够承接相应任务的企业，这比直接聘用自由译者和签约译员花的钱更多。供应链每增加一层，你支付的价格就会更高。但注意，成本和价格不可混为一谈。

单语种 LSP 通常会将自身的服务出售给多语种 LSP。语言服务采购方偶尔会直接和译员签约，即，最终用户会直接雇用自由译者以节约成本，但大部分本地化项目都是在标准供应链环境下进行的。为什么大多数本地化项目都遵循这一流程？因为语言服务行业内交易的其实不是语言服务本身，而是核心功能带来的增加值。

语言服务价值链中的每一位参与者都通过从下游供应商购买服务来实现增值，他们自己完成项目管理，随后把最终产品卖给上游的顾客。在语言服务行业待过的人都能意识到这种体系的好处，从而继续这样的操作。但是，也总有人要求缩短供应链、降低成本。

有人进行过尝试，主要就是语言服务采购方或多语种 LSP 尝试直接与签约译员协作，直接剔除语言服务中介。这种尝试的出发点是美好的，至少在理论上来说也肯定会奏效。其内在逻辑是直接和翻译人员合作，不仅可以降低成本，也可以加强最终用户和翻译人员的沟通和联系。人们认为，良好的沟通有助于带来更好的翻译成果，因为翻译人员可以进一步跟进最终用户的需求。此外，交付速度也会加快，因为项目无须多方经手，可以直接由翻译人员交付给客户。通常情况下，会有相应的工具或者软件来助力这一流程，每一步都能实现自动化。这听起来很完美，好像万无一失，没毛病。

如果你参加过语言服务行业的会议，你肯定听过有人说要大刀阔斧地改革，缩短供应链。无论这位嘴皮子利索的哥儿们怎么和你说，你都需要知道其实缩短供应链的概念早已有之。实际上，这一概念相当有历史了。之前就有很多人尝试过，但大多都以失败告终。但是总有新公司或者自称有远见的人在行业内宣称他们现在取得了新进展，这次肯定能成功。我们听过很多类似的演讲和网络研讨会，不少激情澎湃的语言服务业从业者宣称他们有了高端的新工具或采用了全新的流程，可以缩短供应链，给行业带来一次革命，从而完全改变我们的业务模式。一开始我们还挺相信这些话的。但是过了十几二十年之后，我们开始认识到，这些人是在一本正经地胡说八道。他们本意是好的，也很有热情，但是结果就是说了一堆废话。

> 和自由译者合作很可能导致很多杂项开支，这就是为什么多语种 LSP 更愿意和单语种 LSP 合作。

这些"远见家"们的出发点是好的，但是他们一开始就没搞清楚为什么会存在标准化的本地化供应链。他们自认为 LSP 卖的是翻译。如果 LSP 出售的实际产品是翻译，那么尽可能剔除中间商应该是完全可行的。但是 LSP 卖的其实不是翻译，而是项目管理。所以当你把中间商剔除出供应链，你也剔除了他们提供的增值服务。如果没有单语种 LSP 管理自由译者，没有多语种 LSP 管理不同语言，这些管理的重担一下就落到了语言服务采购方肩上，也就是客户的肩上，而基本上没有客户能准备好应对这些重任。省下来的成本根本抵不上项目管理的持续花费，而项目管理一般都是由 LSP 中间商来完成的。

核心功能：项目管理

项目管理作为一项核心功能，其中心地位不是随意确定的。项目管理整合了其他所有要素。项目管理是 LSP 最重要的功能，没有之一。这是一条基本真理。重要的事情再说一遍，项目管理是 LSP 最重要的功能，没有之一。这听起来可能有点儿自相矛盾，接下来请容我们解释一下。

究其本质，项目管理是一种资源管理流程，通过在市场影响因素、支持活动的限制条件下管理资源，为客户实现增值。资源包括人力资源、时间、技术、资金以及为满足客户需求所需的一切条件。有时项目经理甚至能承担其他两项核心功能（即供应商管理和销售）。

> 项目管理通过管理人力资源、时间、技术和资金等各类资源来实现增值。

我们常常误读项目管理的重要性，认为项目管理职责是由项目经理执行的。项目管理是一个功能，不是一个职位头衔。当然，很多读者容易盲从我们的看法，认为既然 LSP 最重要的功能是项目管理，那么项目经理就是最重要的人。所以，在阅读本节内容时，请记住，尽管我们拿项目经理举例，但这不意味着项目经理是最重要的人，团队里的任意成员都可以替代项目经理的位置，行使一样的功能。

在图 19 中，我们将项目管理定义为一种为客户实现增值的资源管理功能。项目经理要在 LSP 的基础架构和市场影响因素的限制条件范围内实现功能。项目经理负责管理调度资源（人力资源、时间、技术、资金等），为最终客户创造价值。

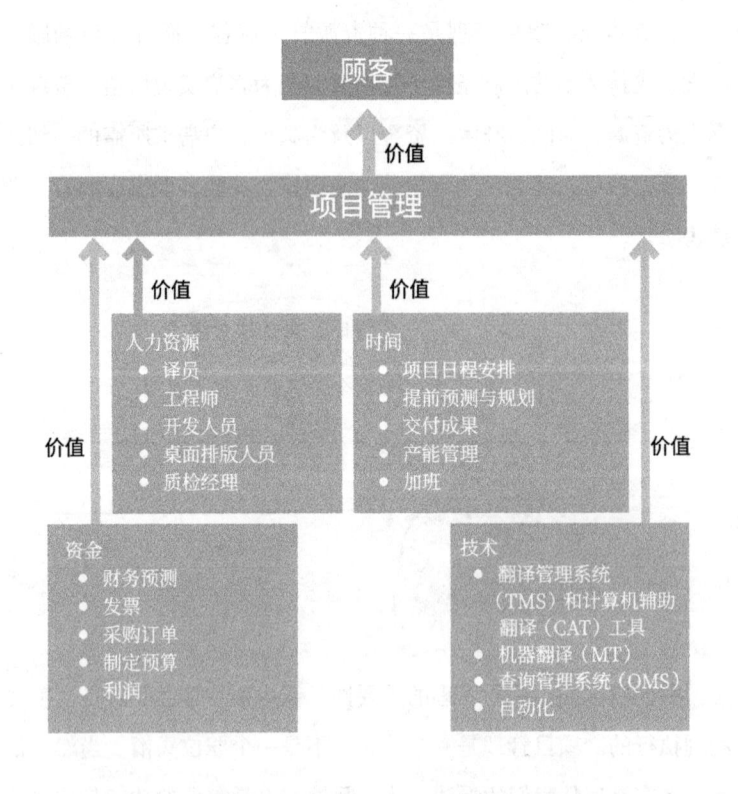

```
                        顾客
                         ↑
                        价值
                    ┌─────────┐
                    │ 项目管理 │
                    └─────────┘
         ↑           ↑         ↑          ↑
       价值        价值       价值       价值
   ┌─────────┐ ┌─────────┐ ┌─────────┐
   │ 人力资源 │ │  时间   │ │  技术   │
   │ • 译员   │ │• 项目日程安排│ │• 翻译管理系统│
   │ • 工程师 │ │• 提前预测与规划│ │ （TMS）和计算机辅助│
   │ • 开发人员│ │• 交付成果 │ │  翻译（CAT）工具│
   │ • 桌面排版人员│ │• 产能管理 │ │• 机器翻译（MT）│
   │ • 质检经理│ │• 加班    │ │• 查询管理系统（QMS）│
   │         │ │         │ │• 自动化  │
   └─────────┘ └─────────┘ └─────────┘
   ┌─────────┐
   │  资金   │
   │• 财务预测│
   │• 发票   │
   │• 采购订单│
   │• 制定预算│
   │• 利润   │
   └─────────┘
```

图 19 项目管理功能通过管理资源为客户实现增值

人力资源

并非所有项目经理都有向其汇报工作的下属，不过项目经理基本都有自己的团队。但是当谈到项目经理管理人力资源时，不能仅仅讨论项目经理自己的团队，必须涵盖项目经理协调的所有人员。举个例子，项目经理可能会协调 LSP 内不同地理区域办公室的资源。正式情况下，团队成员按所在地区向区域经理汇报工作，但是从项目目标来看，他们实质上在对项目经理负责。

为了说明问题，请看图 20：一位项目经理负责一款软件的本地化测试项目，项目很复杂。首先，各文件需要完成本地化，随后通过质量检测，最后完成本地化的软件必须要通过语言测试员的检查，保证没有系统漏洞和故障。当然，项目经理也负责监督整个流程。大致的工作流程如示例所示。请注意：这个工作流程可能看起来很简单，但示例图仅用于说明，实际工作流程可能会更加复杂。

正式情况下，工程团队可能由另一个经理管理。项目经理可能需要和另一个独立的服务团队协作创建词汇表。可能还会有另一个团队负责执行最后的功能质量检测流程，这个团队可能位于中国，向区域经理汇报。无论正式的汇报关系如何，项目经理都要负责协调并管理工作流程中的所有人员，以确保项目的顺利完成。而部分团队成员不直接向项目经理汇报则会限制项目经理对整体流程的掌控，同时也让项目管理流程更复杂。

网站本地化流程

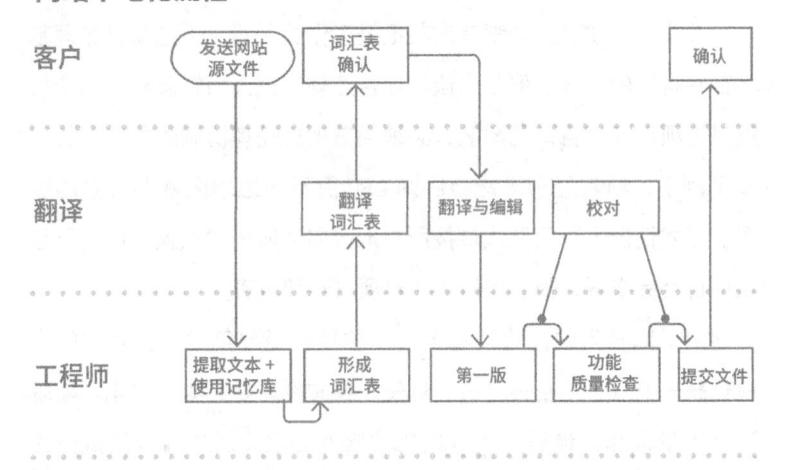

图20 网站本地化的工作流程

团队的组织架构基于你对团队的定义，目标还是让团队在利基市场更有竞争力。对此，我们在讨论 LSP 八大支持活动时已经花了一整节的篇幅。如你所见，LSP 项目管理核心功能的能力直接受其组织结构的影响。接下来我们将探讨项目经理在应对不同组织结构时面临的一些挑战。

直接下属

有时团队可以直接向项目经理汇报。通常向项目经理汇报的是初级项目经理、本地化工程师或质量经理。此外，技术经理、桌面排版专家、测试经理及其他角色也可以直接向项目经理汇报，只是他们一般不这么做。不同公司，甚至不同项目的团队组织形式都不尽相同。

直接向项目经理汇报的一个优点是项目经理可以更好地管理团队成员。作为人力资源经理，项目经理的权限实际上是时间管理，可以轻松快速地安排团队成员的时间和工作任务。管理复杂本地化项目需要灵活应变，而对于项目经理来说，能够快速重新分配团队成员到需要他们的地方也是非常有用的。如果项目团队成员不直接向项目经理汇报，那么项目经理就需要和直接管理他们的经理协商，以便分配所需的时间。

对 LSP 来说，在有多个客户且每个客户都有多个时间紧迫甚至交期互相冲突的项目时，很难对每个任务进行优先级排序。大家一直都很忙碌，所以每处理一项任务的时候，就意味着还有另一项优先级较低的任务还未得到处理。如果项目经理直接管理本地化工程师，就可以完全掌控他们的时间安排。项目经理有权对时间进行优先排序，以确保有效执行任务，并平衡其他同时进行的项目的需求。举例而言，如果一位重要客户有一个优先级非常高的项目，项目经理可以让本地化工程师暂停手头工作并尽快优先完成这个项目，只需要给本地化工程师发封电子邮件或打个电话，让他们能了解情况并立即开始工作。

然而，项目经理直接管理团队也有弊端。有时团队会在全球范围内开展工作，而这时让分布在全球各地的团队成员向当地经理汇报其实效果更好。在本地化过程中，很少有机会让所有团队成员待在一个办公室里工作。如果这时项目经理仍要直接管理这些团队成员，他们面临的挑战就会更大。除了管理项目流程的方方面面，他们还必须做人事经理的活儿，承担相关的所有责任，非常耗时。

> 直接管理可以让项目经理更好地控制项目，但是这样也会让项目经理的工作更复杂。

我们经常目睹项目经理遭遇失败，因为虽然下属直接向他们汇报，但是他们其实没有接受过适当的人员管理培训。他们可能是优秀的流程管理经理，但是管理人员完全是另一码事。如果项目经理想在这方面取得成功，他们就需要与团队成员密切合作、设定季度和年度目标、和每位直接下属每周举行一对一的会议、与表现不佳的团队成员交涉，同时进行薪酬审查，激励团队成员。担任人事经理意味着需要同时扮演多个角色：老师、顾问、谈判专家、人力资源律师、招聘人员，偶尔还得当当"刽子手"。这对谁来说都可谓肩负重担。对于项目经理而言，这意味着他们需要用更少的时间完成更多的增值任务，因为他们还要去做不十分擅长的支持活动。

因此，尽管这种直接管理的模式有其优势，但实行这种策略也要付出相应的代价。幸运的是，在执行项目管理功能时，大可不必让项目经理负责额外的支持活动。团队可以分开组织，在项目经理的指导下协作。

间接下属

大多数人都以为本地化项目是层次分明的，不同功能的部门向项目经理汇报，而项目经理负责监督整个项目流程。但实际上，很少有人能做到如此简明清晰。很多情况下组织结构都不甚清晰，逻辑性不强，而项目经理并非身处最高层，可能有多个经理监督不同的区域或功能团队，这些团队之间的互动和责任联系也非常松散。

正如我们在"支持活动"一节中所了解到的，每个 LSP 的内部结构都不尽相同。本书的目的不是建立最佳的内部结构，但是 LSP 的内部结构应该设计合理，从而让项目经理有能力为客户创造价值。

项目经理每天都要与其他内部团队打交道，完成项目目标。为了新项目的获批，项目经理可能要与财务部门协商可接受的利润范畴，或者为了让项目获得更多的支持，项目经理要与海外的工程团队沟通。真正的挑战是，项目经理无法直接管理这些团队。在项目经理直接管理的情况下，项目经理可以简单地下达指令，完全掌控整个流程，但是在涉及其他内部团队的情况下，一切就没那么简单了，完成这样的任务还需要一定的交涉能力。

员工是一家公司最宝贵的资产，需要进行妥善的管理和动员。但这一部分的工作实际上不属于项目管理核心功能，而属于支持活动的一种。

去中心化的内部团队虽然缺点明显，即对端到端流程的控制变弱，但优势也很显著。如果不用直接管理资源，项目经理就有时间专注于管理资源而非管理人员。例如，如果一个项目需要 23 小时完成，那么项目经理可以直接要求工程师拿出 23 小时的时间去完成该项目。项目经理不需担心谁来完成这项工作，只需要知道这项工作是否能完成。项目经理不需要在意工程师对工作是否满意、今天过得如何，或者家里的狗生病需要请假这样的事情。他们也不用操心工程师做完项目之后，本周剩下的 17 个小时该怎么安排。项目经理只需要担心工作要求就行了。这让项目经理从根本上避免了与人打交道的问题，从而可以专心管理员工提供的资源。

请不要误会，我们没有把人看作一种资源。人员绝对是企业最重要的资产，组织必须善待员工，在语言服务行业尤其如此。在上面的例子中，我们假设那位家里狗狗生了病的可怜工程师是由当地的团队负责人或工程经理管理。这位负责人或经理在管理员工的同时，也要适当地鼓励该员工。必须认识到人员管理功能仍然存在，这就是我们开展支持活动的原因。在内部团队较为分散的组织中，这意味着项目经理不必再承担人员管理功能，而是专心进行项目管理。

外部团队成员（供应链）

在前几节中，我们讨论了项目经理直接管理和间接管理的优缺点。但除了管理内部团队成员，管理外部团队成员也是项目经理的责任所在。

正如我们在"行业结构"一节中讨论的那样，通常LSP会把实际的语言服务外包给较小的单语种LSP或签约译员。项目经理需要意识到管理外部资源会带来特殊的益处和挑战。

> 外部供应商可能很难应付，因为他们可以拒绝你的要求。

管理外部资源的主要好处是，无论对方是单语种语LSP还是签约译员，你都是他们的客户，即甲方。在这种合同关系中，你对时间和工作内容有更高的控制，因为你是持有订单的甲方，你说了算。就像直接下属一样，外部供应商为项目经理工作并对其负责。唯一的区别是，对于直接下属，项目经理是老板，而对于外部供应商，项目经理是客户，即甲方。这意味着在许多方面，由项目经理设定关系条款，就像内部团队分散管理一样，项目经理不需要操心人员管理，只需专注于资源管理。项目经理设定最后期限，向外部团队成员阐明工作要求即可。所以，项目经理在这种合作关系中几乎拥有所有的控制权，没毛病吧？

非也。管理直接下属、内部团队成员和外部供应商是有区别的，外部供应商可以随时拒绝项目经理的要求，而且他们经常这样做。所以，尽管项目经理在这种合作关系中看似拥有很大的权力，但他们也得看外部团队成员的脸色，如果他们不愿意配合，项目经理就无法管理。这也是管理外部资源的最大挑战之一。同样，这里涉及一定程度的交涉能力，项目经理经常不得不针对每个项目与供应商协商，还得努力哄他们开心。如果项目经理对外部团队成员不好，很快就会发现供应商拒绝与之合作，导致无法按时交付项目。

有一种观点认为，管理这些外部供应商的责任大部分应该由供应商经理承担，这不无道理。聪明的项目经理会和供应商经理密切合作，以确保供应链的功能和生产力。但归根结底，交付项目是项目经理的责任，因此项目经理也要负责保障供应链的健康运行，从而按时交付项目。

时间

说完人力资源，项目经理需要管理的第二种资源是时间。每个项目都有截止日期，对于项目经理或执行项目管理核心功能的人来说，工作的核心目标就是保证在截止日期前完成项目。

语言服务行业内的大多数活动都有时间限制，鲜有例外。现在业界有普遍接受的标准产出量指标，比如桌面排版专家每小时可以排版 10 页，翻译人员每天可以翻译 2000 个单词。一个经验丰富的翻译人员一天的翻译量无疑比一个菜鸟译员多，但是产出量差异不会太大。同样，工程任务、测试、质保和其他必要的项目任务在整个行业都将有比较标准化的产出量。所以如果行业中的大多数任务都是标准化的，那么所有LSP应该都有一样的能力来按时交付项目，对吧？

公司可以通过有效的项目管理在时效性方面脱颖而出。当然，整个行业的每小时产出量可能基本差不多，但是公司可以通过翻译项目管理实现超水平的效果。试想一下，翻译人员每天可以翻译2000个单词，但是对于一个2000单词的翻译项目，可能需要几小时到几周不等的时间，因为项目中还有很多变化的因素需要项目经理去管理和安排（见图21）。

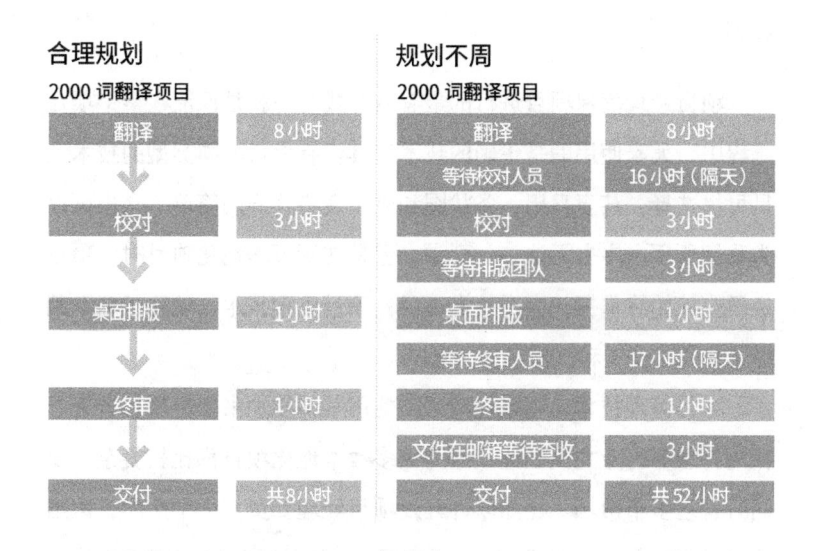

合理规划
2000 词翻译项目

翻译	8小时
校对	3小时
桌面排版	1小时
终审	1小时
交付	共8小时

规划不周
2000 词翻译项目

翻译	8小时
等待校对人员	16小时（隔天）
校对	3小时
等待排版团队	3小时
桌面排版	1小时
等待终审人员	17小时（隔天）
终审	1小时
文件在邮箱等待查收	3小时
交付	共52小时

图21 合理规划和规划不周对翻译项目时效性的影响

纵观一个典型翻译项目的生命周期，大部分的时间都浪费在了等待上，文件常常躺在收件箱里，等着相关人员开始处理。一般情况下，客户通过电子邮件将一份待翻译文件发送给 LSP，文件会在收件箱里白白等几个小时，直到项目经理打开文件。随后，项目经理又用电子邮件把文件发给一名工程师，然后又得耗几个小时。最后，文件又被急忙扔给翻译人员，几个小时后，这位翻译人员又拒绝了翻译任务，然后文件又被发送给另一个翻译人员。折腾来折腾去，搞完了所有这些之后，一个词都还没翻译出来。

这里的挑战不是完成任务的速度，而是管理多个任务的效率。项目经理负责制定时间表，按正确的工作量和正确的时间规划和分配资源，以确保项目持续开展。项目管理效率越高，文件在收件箱中停留的时间就越短，项目就能越早交付给顾客。

技术

项目经理确保项目进行的最有效方式之一就是保证在整个项目流程中，大家使用的是正确的技术工具。有大量不同类型的技术工具可供选择，甚至日历、条状图和电子表格这样的简单工具也可以为我们所用，本书无法一一列举。但是在管理本地化项目时，项目经理应该始终掌握三大类技术工具：项目管理技术、计算机辅助翻译工具（CAT）和机器翻译（MT）。

项目管理技术。项目经理必须使用某种技术来跟进项目进度，在语言服务行业尤其如此，因为大多数本地化项目都比较复杂，要同时管理多个市场。比如软件开发项目经理要负责一个产品，但当该产品需要被本地化为 10 种语言时，LSP 的项目经理则需要管理 10 个项目。如果项目经理没有使用相关技术来帮助跟进每个项目的进度，很快就会不堪重负。电子邮件会不断堆积，项目经理就无法实时跟进。

三大核心功能 | 159

部分LSP自主开发了项目管理软件，用于全程跟进项目的进展，其他LSP则选择购买第三方软件。随着计算机辅助翻译工具的不断发展，许多领先的翻译软件现已内置了有助于管理工作流程和提供实时报告的组件。

但是如果LSP没有资金购买时髦的项目管理软件，也还有其他的选择。所谓杀鸡焉用牛刀，面对某些不是很复杂的小项目，有许多开源的免费产品就可以提供基本的项目管理功能。我们希望每位项目经理都能积极探索和尝试。

或者有时候项目要求我们化繁为简，那么使用诸如电子表格等简单工具来跟进项目进展也是完全可以接受的。这样的做法非常普遍，你甚至会以为电子表格都算不上"技术"，但实际上它是。项目经理的工作是尽可能高效地管理项目，无论是使用价格昂贵的项目管理软件套装还是简单的电子表格，他们都有责任利用任何可行的技术来跟进项目的进展。

过于简单的项目跟踪表格

项目名称	接收文件	发送给翻译人员	翻译人员发回文件	发送给校对人员	校对人员发回文件		
示例项目1	4月13日	4月13日	4月14日	4月14日	4月15日	4月15日	4月15日
示例项目2	4月14日	4月14日	4月16日	4月17日	4月18日		
示例项目3	4月15日	4月15日	4月15日	4月15日	4月16日	4月16日	4月16日
示例项目4	4月15日	4月16日	4月18日	4月18日			

计算机辅助翻译工具和机器翻译

计算机辅助翻译工具（CAT）是目前业界最关键的技术，对有经验的项目经理来说，它是非常强大的工具。我们给非业内人士的解释是：CAT 工具能够从几乎任何类型的文件中提取内容，并将其输入一个便于翻译的环境中，以供翻译人员处理。CAT 工具还会自动创建和维护翻译记忆库（TM，即包含之前已翻译内容的大型数据库）。所以你可以利用过去已经翻译好的内容，避免在新项目中重复翻译。关于 CAT 工具，我们可以写一本书了，但本书不打算这么做。我们的重点是介绍 CAT 工具如何成为项目经理手中的强大工具。

CAT 工具及其各种功能通常由更有经验、专精此领域的本地化工程师管理，但是有经验的项目经理应该至少基本了解市场上不同的 CAT 工具及其优缺点。项目经理最终将负责制定策略，确定在哪些情况下使用哪些 CAT 工具。这一决策将影响本地化工程师管理 CAT 工具的方式和文件处理时间，也将影响翻译人员的工作效率。此外，通过利用翻译记忆库，大幅度减少重复翻译的字数，提高翻译效率，项目经理便能够更好地控制成本。

还有许多工具可对翻译内容进行自动质量检查。该功能有时是内置在CAT工具中的，所以在选用CAT工具时，应该加以考虑。在其他情况下，这些自动检查程序要么属于第三方应用程序，要么就是LSP自主研发的。无论来源如何，项目经理都有责任确保这些工具得到有效利用，以便向客户交付高质量的成果。

> 技术工具不仅可以协助项目经理管理好自己的工作，也可以提高译员的工作效率。

除了CAT工具之外，还有机器翻译（MT）可供使用。机器翻译在行业内日益普遍。关于什么是机器翻译，有很多错误的观念。我们已经指出机器翻译不是万能的魔杖，机器翻译不能取代人工翻译。相反，机器翻译是一种工具，只能在特定情况下使用，以提高翻译产出量、降低成本。

要为顾客实现增值，有经验的项目经理需要对项目是否能使用机器翻译有一定的实际了解。

资金

我们喜欢赚钱。这也是为什么我们卖书，从读者那里赚点小钱。我们大胆地认为大多数人也喜欢钱，跟我们一样。在语言服务行业，肯定有很多人热爱自己的工作，这也激励了很多人自立门户。然而，热爱不能当饭吃，公司或个人必须要实现盈利，否则就将面临破产。

利润即是王道。如果你做的工作没有盈利，那你就是在免费工作。许多公司的失败是因为他们无法从自身提供的服务中赚取利润，通常这是源于公司内部没有人知道是谁负责管理利润。销售团队有责任与客户协商以争取更高的销售价格吗？财务团队是否有责任更好地管理资产和间接成本？供应链经理有责任与供应商谈判降低成本吗？请让我们郑重地澄清一下：项目盈利应该完全由项目经理负责。

在你们准备拿刀砍我之前，听我一席话：我们写这本书的时候，有人爽了。其实是塔克爽了。而雷纳托开心得不行。因为塔克拥有项目管理背景，这使他想起了自己职业生涯中管理的所有亏钱项目，深感自责，浑身难受。而雷纳托拥有销售背景，早就听厌了项目经理嘴里销售团队没能谈到更高价格的怨言。所以请听我们进一步的解释，请一些身为项目经理的读者放宽心。

> 盈利这一块应完全由项目经理负责。不要多管闲事给项目经理"帮忙"。这相当于免费给老板干活，傻子才干这种事。

"项目盈利由项目经理负责"，这句话的意思是一旦合同签订并开始工作，项目经理（或任何执行项目管理核心功能的人）就会成为领导项目盈利或亏损的那个人。这是因为，如上文所述，项目经理负责管理项目的所有资源。对人力资源、时间或技术的管理不善意味着收入可能不抵成本,公司将面临亏损。

当然,有时项目经理注定会失败,因为有些因素无法掌控。这种情况通常是因为 LSP 的八大支持活动(管理、结构、文化、财务、设施、人力资源、技术和质量保证)没能支持好项目的进展。有时失败要归咎于其他核心功能,比如销售团队达成交易的价格过低,或者供应商经理未能与供应商进行有效的谈判。这些都可能是项目亏损的原因,但它们不是借口。不管你喜不喜欢,归根结底,项目是否盈利是项目经理的责任。我们的意思不是说这个原则是绝对公平的,我们也理解项目经理的难处。

> 一定要记住,各项支持活动必须全力协助核心功能的执行,尤其是项目管理这一核心功能。

项目经理负责创建项目预算,目标是最大化收入并降低成本。为了实现收入最大化,项目经理负责向客户提供报价并协商价格。为了降低成本,项目经理必须分配资源,确保资源保持正轨,并利用可用的工具和技术来简化流程、降低成本。所有这些都落在了项目经理一人的肩上。

核心功能：销售

LSP 的第三个核心功能是销售。澄清一点，与项目管理和供应商管理的讨论一样，我们讨论的是一个功能，而不是一个角色，这一点很重要。供应商管理和项目管理可以由不同的人来执行，但依照传统，一般都需要专门的供应商经理或项目经理来做。销售核心功能是目前为止谈到的影响最深远的功能，因为这一功能可以由 LSP 内部的几乎所有人员执行。销售这项核心功能在每次顾客（或潜在顾客）与公司互动，或听到公司的信息、谈论公司时都会出现。

每当项目经理提交文件、每当有人阅读公司营销团队的电子邮件或听到公司 CEO 在会议上的讲话时，销售就会出现。公司里的每个人其实都负责销售。如果初级工程师工作出色，客户会很高兴，就会考虑与公司开展更多业务，这也是销售。如果公司的供应商经理能够通过复杂的战略性供应商管理策略快速为新项目招募人员，目睹了这一切的客户可能会在参加会议时当着其他公司同事的面谈论你公司优秀的招聘能力，这也是销售。当然，当一个真正的销售人员接触潜在的新客户，以更好地理解他们目前面临的国际挑战时，那也是销售。

不过为了简单明了，在本节中，我们会将销售人员称为"负责进行相关活动的人"。和项目管理一样，公司里会有许多不同的人一起管理一个项目，但是这些活动是由项目经理协调的，销售也是如此。虽然销售活动由 LSP 的许多不同人员开展，但通常由销售人员最终负责协调这些销售活动，为公司增加收入。

> 销售是一项功能，不是一个职位。公司里的各种员工都可以参与到销售中来。

销售的方法多种多样。全球各地的机场书店充斥着各种教你如何赢得顾客和拓展业务的书籍。不同于这类书籍，本书不是一本关于增加销售量的书，因为这不是我们的初衷。我们想写的，是一本关于如何驾驭语言服务行业的书。所以大部分销售理论我们都将省略不谈，以便能更好地聚焦于语言服务行业中独特的或特别重要的概念。

尽管如此，还是要注意，对于任何 LSP 来说，有效的销售战略对其盈利和长期成功都至关重要。我们早就在"市场影响因素评估"一节中讨论过，语言服务行业是一个非常小的行业，高度重视品牌资产。你的销售人员就是主要的品牌资产大使，他们能够极大程度地影响你在行业内的声誉，可以让你誉满天下，也能让你臭名远扬。

成功的销售战略会带来很多好处。正因如此，我们将销售、供应商管理和项目管理一起列为 LSP 的三大核心功能。无论供应管理和项目管理团队有多出色，如果没有顾客需要你的服务，一切都毫无意义。销售团队负责为公司吸引新客户，增加收入。

> 在我们这个行业里,一位经验丰富的销售人员的价值相当于其体重当量的黄金!

在语言服务行业,一个称职、有经验、人脉广泛的销售人员可谓价值千金。一个有经验的销售人员从第一天工作开始,就会带来行业知识和丰富的人脉。为了省钱招聘没有经验或不合格的销售人员的想法是得不偿失的。招聘最好的员工,给他们优厚的报酬,因为他们掌握着获得新客户和发展业务的关键。上文提到,销售是一种功能,而不是一种角色,因此从理论上说,销售活动可以由组织中的任何团队成员来进行。但是当涉及新业务时,我们强烈建议你的公司一旦赚到足够的钱就要大力支持销售。组建一支全职、有经验的销售团队很重要,你不会后悔的。

我们见过有些 LSP 长期无法实现增长,往往是因为他们要么没有,要么无法维持一支优秀的销售团队。这通常由以下原因导致:要么就是他们不想为表现出色的销售人员支付丰厚的报酬,要么就是高级管理层不尊重销售的价值和复杂性,以为他上他也行。严格来说,他们并没有错。LSP 的 CEO 当然可以自由雇用初级销售人员,或者自己来做销售。但是不管怎样,最终结果是销售团队缺乏经验,效率低下。尽管 LSP 可以在缺乏经验的销售团队的带领下生存很长一段时间,但是公司的增长将会举步维艰,除非他们决定在销售上下点血本。

通过销售核心功能增加价值

你可能觉得奇怪，为什么我们将销售归为核心功能而不是支持活动。在其他任何行业，我们通常都会认为销售存在的意义就是吸引新业务。没错，销售人员增加了公司收入，但他们并没有为最终用户增加价值。一旦完成了一笔交易，他们就把一切交给生产团队，然后继续寻找下一笔交易。

但是在语言服务行业，销售不能这样运作。交易完成后，销售还需要继续进行。为什么？因为这个行业非常复杂，很难为最终客户所理解。请记住，根据定义，语言服务采购方不是语言服务行业的一部分。他们只有在需要购买语言服务时才会和 LSP 联系。所以大多数语言服务采购方完全是以局外人的身份进入这个行业的，需要别人的引导。

销售通过营销、销售活动和客户管理增加价值。营销甚至在客户准备好购买语言服务之前就已经开始了，一旦客户对购买语言服务产生兴趣，就轮到销售活动上场了。在顾客选择加入并开始交易后，公司就能通过客户管理活动来实现销售核心功能。如你所见，销售核心功能永不停歇，它甚至在客户签署合同之前就已经发生，并且有望持续运行下去（见图22）。

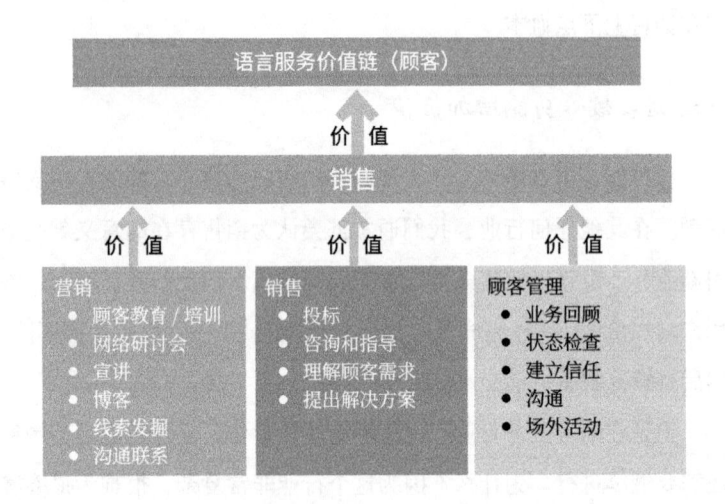

```
                    语言服务价值链（顾客）
                            ↑
                           价值
                            
                           销售
                     ↑      ↑      ↑
                    价值   价值   价值

    营销                   销售              顾客管理
    • 顾客教育/培训         • 投标            • 业务回顾
    • 网络研讨会           • 咨询和指导       • 状态检查
    • 宣讲                • 理解顾客需求     • 建立信任
    • 博客                • 提出解决方案     • 沟通
    • 线索发掘                               • 场外活动
    • 沟通联系
```

图 22　销售核心功能通过营销、销售和客户管理

营销

整个销售过程始于营销。营销不仅会向语言服务采购方和潜在的语言服务采购方提供特定 LSP 的信息，还会带去关于整个行业的信息。任何一家成熟的 LSP 的网站都会有一个面向顾客的庞大学习资料库。LSP 会举行网络研讨会，帮助顾客和潜在顾客了解行业趋势。他们还会撰写博客，给语言服务采购方提建议，帮助他们应对挑战。当然，这些营销材料的主要目的是为 LSP 带来新的客户，但"客户教育/培训"本身就是一种增加值。

LSP 还会参加行业会议和活动，借此机会和其他 LSP 和语言服务采购方会面，一同讨论语言服务行业。参加这些活动的销售和营销专家通常都是主旨发言人或小组讨论的嘉宾，能帮助潜在顾客了解行业的更多信息。他们会和潜在客户沟通，了解他们的需求，如有需要，还会提供可行的指导方案。如此一来，无论最终是否合作，销售团队在顾客发出招标书之前甚至就已经实现了增值。

销售活动

提到销售这个角色，大多数人都会想到推销员。我脑子里浮现的是一个兜售旧二手车的推销员。或许有人会想起《大亨游戏》。如果你岁数不大，不知道我说的这个老梗，麻烦用谷歌搜一下，保证你不会后悔。

现实是，销售不仅仅是为了完成交易。销售人员是在与潜在顾客合作，了解他们的需求，在语言服务这个复杂行业中充当他们的引路人。对行外人士来说，语言服务行业的复杂性可能有点儿让人招架不住。销售人员需要扮演老师、裁判、教练和励志演说家的角色。作为沟通专家，他们能够与客户对话，了解客户的核心需求。将这些需求传达给生产团队（通常是项目经理），以便找到解决方案，然后再将情况反馈给客户。通过这个过程，客户不仅能够理解LSP提出的建议，而且能够以全新的视角理解自身面临的挑战。

客户管理

一旦潜在顾客成为实际顾客，销售核心功能就会变换成客户管理的形式。有些LSP将这一功能分配给项目管理团队，有些LSP则正式设立专门负责一个或多个客户的客户经理。当然，这些客户经理的主要职责还是发展和壮大业务。在这方面，他们的运作原则与最初负责销售的销售团队大致相同。

客户经理的另一项职责是管理好顾客关系。他们通过定期检查、季度业务回顾（QBR）和定期会议与客户保持良好的沟通。建立起信任可以让LSP取悦客户，并更好地理解客户的需求。通过更好地了解客户，LSP 就能够不断发现可以实现增值的新领域。

既然已经了解销售核心功能是如何通过营销、销售和客户管理来实现增值的，我们想深入探讨 LSP 如何进行销售。不过，我们并不打算写一份包罗万象的销售指南。在接下来的章节中，我们概述了 LSP 实现增值和业务增长时需要牢记的一些关键概念。

增加业务的方法

销售核心功能的最终任务是增加业务收入。这是一个非常重要的功能，销售人员的收入来源于佣金，这意味着其报酬与其能为公司实现多少增收直接相关。市场上有无数本关于销售的书，就创新的战略和具体如何发展业务大书特书。但本书化繁为简，点到为止。

究其本质，业务增长其实只有三种方式，即增加客户数量、增加客户平均销售额、增加客户再次购买的次数。就这三个。和大多数简单概念一样，其中的细节是决定成败的关键。更复杂的是，在典型的 LSP 中，这三种业务增长方式通常由完全不同的团队成员执行。营销专家专注于营销和发掘销售线索，销售人员管理销售过程，客户管理可以由项目经理、客户经理、销售人员或以上人员来一同进行。

增收途径	负责部门
寻找新客户	销售团队；市场营销部门；解决方案架构师
追加销售	客户经理；项目经理；解决方案架构师；技术团队
顾客保有率	项目经理；工程师；供应商管理部门；技术团队

销售战略要实现协调，就需统筹考虑这三种业务增长方式，确保各方同步行动，实现为公司增收的共同目标。接下来，让我们更详细地探讨一下这三种方式。

增加客户数量

当谈到销售，大多数人想到的是和潜在客户交谈，说服其购买自家的服务。也就是说，人们想到的是销售过程。这也许是最简单直接的快速拓展业务方式，但这需要花费资金聘用专门负责寻找新客户的销售人员。

尽管销售人员主管销售渠道，但销售的过程也常常涉及其他部门。很重要的一点是要支持销售人员向客户提供专业的咨询服务，向客户说明情况，为潜在顾客增值。销售是一个咨询师一样的角色，潜在顾客想要的是专业知识。销售人员不可能知晓一切，所以他们需要得到项目经理、工程师、解决方案架构师和其他团队成员的充分配合和支持。在语言服务行业,销售需要团队合作。

这实际上也就意味着销售团队和生产团队之间不能有摩擦,他们需要充分紧密地合作。

> 在语言行业,销售需要团队合作。

能保证销售团队和生产团队高效协作的 LSP 往往能够达成高质量的交易并能与客户保持长期合作关系。正如之前所述,在三个核心功能中,销售是分散的,要求所有责任方协调合作。

在与新潜在顾客交谈时,经验丰富的销售人员会及时邀请生产团队的人员加入谈话,因为他清楚需要生产人员的经验和知识才能解决顾客的问题和顾虑。通过销售过程实现增值是语言服务行业中真正需要团队协作的一环,销售人员作为销售渠道的主导者,有责任将团队聚集在一起,并领导团队实现达成新业务的共同目标。

增加客户平均销售额

增加客户平均销售额的最简单方法是提高价格,即现有顾客为每个项目支付更多的费用。但是如果这样做,客户可能会离开,找一个更便宜的供应商。所以我们可以尝试向现有顾客销售额外的服务。这是一个日常生活中非常普遍的销售策略，人们甚至不知道这是一种销售手段。在快餐店，店员常常会这样问你："你点了4号套餐，要配点薯条吗？"就是这么简单。同理，在语言服务行业，你听到的可能会是："你已经订购了翻译服务，请问还需要国内搜索引擎优化咨询服务吗？"

举蒙特利尔的一个小型单语种LSP为例，这家公司提供加拿大法语的翻译服务。虽然不像他们的美国邻居那样贪婪，但这些人仍然是喜欢赚钱的资本家，赚得越多他们就能买更多的法兰绒帽子和曲棍球，或者买其他加拿大人乐意花钱买的东西。所以，考虑到顾客已经购买了加拿大法语的翻译服务，这家公司还可以尝试看看顾客有没有兴趣购买测试或文案服务。很难判断现有顾客想跟他们购买什么服务。当然，许多客户也许根本不会对购买额外服务感兴趣。但是如果不试试看，永远也不会知道销售核心功能有没有发挥作用。

增加销售的另一种方式就是询问客户是否希望将现有服务升级到高级服务。所以你听到的不是"你要加一份薯条吗"，而是："你要来一份超大薯条吗？"对于LSP来说，他们则会询问顾客是否需要让专业编辑额外再进行一轮审校。当然，要多付20%的费用。

在上述例子中，销售人员可能根本没有参与进来的责任。也许更好的办法是让项目经理与顾客商谈，以了解可能的额外机会。鉴于项目经理已经与顾客建立联系了，想必他们之间已经有了一定程度的信任。所以，与客户根本不认识的销售人员相比，项目经理可能更适合与客户进行商谈。

可惜的是这项任务经常被忽视，因为这部分工作通常不受销售人员掌控。销售人员始终保持在一个"饥饿"的状态，他们总是在寻找新的生意。有时候他们真的"很饿"，如果佣金是他们的主要收入，那么销售额就是他们养家糊口的根本。专注于提供高质量服务的项目经理本身要承担的职责已然很多，因此一般不想往自己身上揽额外的工作。此外，别忘了项目经理是对利润负责的。换言之，他们可能不愿意增加可能导致利润率下降的高风险新服务。

因此，LSP内部有机会接触客户的团队成员都要接受基本的销售培训，这一点非常重要。如果不这么做，就是把钱白白留在桌上。这种培训的潜在回报远远超过其成本。想想多少次你花钱买了根本不想要的薯条，再想想那个年轻店员是如何不费吹灰之力把薯条卖给你的。只需要经过适当的训练，店员就能在点菜的时候问一句顾客要不要来薯条。

客户保有率

增收的另一个方法是增加回头客购买的次数，也就是所谓的客户保有率或客户忠诚度。大多数LSP甚至不认为这是销售的一部分，因为只要能让客户开心，他们就会回来购买更多的服务。因此，销售团队通常很少参与这个流程。这通常是客户经理的任务，他们通过管理顾客关系，确保能满足客户的需求，让客户开心，变成回头客，从而实现增值。但是，不能因为责任人通常是客户经理而不是销售人员就认定客户保有率不是销售核心功能的一部分。

在"市场影响因素评估"一节中，我们讨论了更换供应商的便利性和成本问题，也提到了客户保有率的问题。正如我们当时所说的，你为顾客带来的总价值和客户更换供应商的成本（或客户黏性）是你能否与客户进行更长期合作的关键因素。通过你的核心能力为顾客提供卓越的服务，价值也就由此创造。无论是通过流程知识、技术还是人际关系，随着你越来越多地融入顾客的流程，客户更换供应商的成本都会增加。

尽管客户保有率是销售核心功能的重要组成部分，但销售团队并未执行这一功能。这是因为，顾客不会因为销售人员成为回头客，而是因为项目管理和供应商管理核心功能为他们创造了价值，客户才愿意再来。生产团队肩负着留住客户的全部责任。

增值途径	增加用户黏性
保持良好的沟通	统一集成技术
按时交付	专业化、训练有素的资源
保持高质量	内部流程知识
高性价比	专利技术

多拳"出击"

我们概述了LSP拓展业务的三种基本方式。这似乎是众所周知的常识，但至少在语言服务行业，肯定有不少人对这个常识不甚了解。即使LSP有销售策略，也不会在战略层面上考虑将客户保有率和追加销售作为公司增收的方式。相反，他们注重的是争取新客户，而大多情况下都表现欠佳，因为高级管理层要么不尊重销售核心功能，要么就为了省事雇用成本较低的销售人员。出于这个原因，我们想逐一强调每个领域，并指出针对每一领域制定特定战略的重要性。

大多数LSP认为，想要增长30%的收入，就需要增加30%的顾客。所以假设基准为100个客户，平均每年交易两次，每次交易额为10 000美元，你的总收入如下所示：

> 100 个客户 × 每笔交易 10000 美元 × 每年 2 次交易 = 总收入 200 万美元

当然，如果客户量增加 30%，你的收入也将相应增加 30%。

> 130 个客户 × 每笔交易 10000 美元 × 每年 2 次交易 = 总收入 260 万美元（增加 30%）

这当然是实现增收目标的一种方法，但不一定是最简单或最明智的。与其让销售团队独自承担实现年增长率 30% 的重担，不如将这项任务分配给公司内部的各个团队。你可以增加 10% 的客户量，把每个客户的交易次数增加 10%，再把每笔交易的规模增加 10%，而不是简单粗暴地增加 30% 的客户。举个具体点的例子，明年你的销售团队增加了 10% 的客户，你的客户管理团队说服现有的客户额外购买了 10% 的服务，你的项目管理团队则提供了优质的服务，客户再次购买服务的情况也增加了 10%。增收效果如下：

> 110 个客户 × 每笔交易 11000 美元 × 每年 2.2 次交易 = 总收入 266.2 万美元（增收约 33%）

如上所示，通过在整个公司内分散销售功能的工作量和职责，而不是仅仅把注意力放在新业务上，实际预计收入会增长 33% 以上。这只需要销售人员承担原来三分之一的工作量，同时每个部门的生产率提高 10% 即可。

着眼全局

雷纳托曾为不同规模的 LSP 工作过。后来，他成立了几家翻译公司，在公司发展壮大之后便将其出售，以便迎接下一个挑战。

他深耕语言服务行业已经有数十年，见证了行内大型多语种LSP的崛起。塔克同样也为小型初创公司以及中型、大型企业工作过。我们都见证过LSP的艰难增长，也目睹过前途无限的公司因为无法实现持续发展最终遭遇滑铁卢。在我们看来，这是因为LSP的视野很局限，他们没能意识到这个行业的全球化属性，常常给自己人为设限，把自己视为语言服务这个全球行业中的另一家小公司而已。

我们也见过销售人员苦苦努力，失望而归，因为他们本试图发展业务，却得和自己公司的内部文化作斗争。有时LSP发展了自己的业务，但是思维方式还是停在原地，或因循守旧，或过于保守。因此，推动企业积极成长、发展远见思维的责任通常就落在了销售团队的肩上。

如果你是LSP的高级经理或老板，请注意：培养企业文化和支持核心功能是管理层的职责。通过培育深谋远虑和前瞻性的企业文化，你组建的团队可以创造更多的价值。如果你是销售人员，那么请做好准备，因为你有不少事要做。

从过去来看，LSP往往是由具有语言背景或项目管理背景的企业家创建的。对于创始人和CEO来说，最重要的是要摆脱译者或项目经理的固定思维方式，开始从战略上思考问题。我们谈到的工具之一，是编写公司的"愿景宣言"，借此设定公司的发展愿景。没有愿景宣言的小型LSP通常会陷入思维定式，限制自身发展潜力。举个例子，在业内，我们与LSP销售团队交谈时，经常会听到这样的信息：

"我们是乌克兰的一家小型翻译代理公司。"

2013年，雷纳托在第一次乌克兰本地化会议上做了"我们是乌克兰的一家小型翻译代理公司"主题演讲。演讲的主要内容是，在全球化的语言服务行业中，LSP如果未能发挥自身的全球化潜力，无异于画地为牢。正因如此，需要协调安排管理和企业文化这两项支持活动，以支持销售核心功能实现公司发展和增收。

之所以在销售核心功能这一领域内讨论此问题，是因为LSP的突破性增长是靠销售团队推动的。但是讨论这一问题对于语言服务行业的所有从业者，尤其是希望扩展全球业务的CEO和LSP老板来说，都意义非凡。

当然，这不受国界限制，你可以把乌克兰换成波兰、法国、美国或韩国，都可以。公司涉及的业务也不限于翻译、口译、人力资源、多媒体都可以。公司的位置和工作类型不重要，愿景宣言的句子结构和精神保持不变才是关键。现在我们看看"我们是乌克兰的一家小型翻译代理公司"这句话是如何设置思维定式并扼杀新业务和新市场开拓的。

首先，留意"小型"这个词。描述LSP时，这个词真的很负面。用"小"来形容你的语言服务公司，会让你的客户和员工觉得这家公司没有发展潜力，无法满足全球化需求，这只会限制公司自身的发展。公司规模对LSP来说无关紧要。公司规模只是一个不相关的信息。想想看，你去银行办业务是因为银行的大小吗？你去餐馆吃饭是因为餐厅的大小吗？特别是对于像我们这样准入和增长门槛很低的行业而言，这种表述会带来什么样的后果？还有，公司规模大小完全是主观感受，不是客观信息。与拥有100名员工的公司相比，拥有10名员工的新LSP可能觉得自身规模很小，但当遇到有1000名员工的公司时，那家100名员工的公司肯定也会有相同的感觉。

> 在语言服务行业，公司的规模大小无关紧要。

这种"小"的思维体现了语言服务行业内普遍存在的"双重"自卑感。第一，我们的业内人士错误地认为这一行业规模很小，无关紧要。第二，在行业的大背景下，我们倾向于认为个体公司的规模比较小。这样的想法真是大错特错。把"小"这个字丢进垃圾桶，永远不要再提。从本质上讲，LSP 比其他行业更能够迅速扩展全球业务。小型 LSP 只能和小型客户合作，所以你千万不要给自己贴上"小型公司"的标签。在这个行业中，公司规模无关紧要。你的公司不小，它是全球化的。

接下来，注意"乌克兰"这个词，其描述了公司总部的位置。正如之前所述，LSP 是全球化的公司。公司总部的所在地无关紧要，强调这个消息只会限制公司的发展潜力。举个例子，一家巴西的单语种 LSP 主要为其他多语种 LSP 提供巴西葡萄牙语的翻译服务。这家公司也许业务做得不错，但是他们把自己贴上了"巴西葡萄牙语翻译代理公司"的标签，导致销售团队无法向新老客户销售其他语种的语言服务，也就无法借此为公司增收。另外，许多顾客本可以从这家公司采购西班牙语翻译服务。对于顾客而言，这就相当于少了一个可供选择的供应商。

请记住，LSP 的本质是全球化的，如果你将自己限制在特定的国家/地区或语言范围内，也就限制了通过销售核心功能实现增值的能力。

我们要看的最后一个词是"代理公司"。"代理"一词在语言服务行业中非常普遍，并且被语言服务采购方和 LSP 广泛使用。我们之所以不喜欢这个词是因为它不能准确体现 LSP 给客户带来的价值。"代理"是中间商的意思。"代理"一词仅表示中介。比如房地产中介。他们为产品带来什么价值？他们充当的是买卖双方之间的中介。最终，你买的房子还是那栋房子，没什么变化，在买卖过程中几乎没有增加任何价值。

LSP 称自己为代理，实际上是在说他们不会在业务流程增加任何价值，这绝对是对语言服务的不实陈述。LSP 做的事情远远不止传输文件这么简单。项目经理创建风格指南和词汇表，以确保质量；供应商经理通过战略性的供应商管理创造价值。所以，LSP 不是代理，而是服务提供商。正因如此，我们在这本书里一直称为"语言服务提供商"。

牢记这些要点，让我们看看如何改进这句话。LSP 切勿给自

己贴上"小"的标签，也不要限于某特定区域，LSP 是全球性的。LSP 不是代理商，而是有价值的服务提供商。LSP 促进了世界顶级公司之间的交流。他们借助其在全球市场的专业知识，带领客户在全球市场所向披靡，从而为客户实现增值。

优秀的销售人员应不拘小节，要尽其所能抓住机会。如果非要挑毛病的话，那就是在大家眼里，优秀的销售人员往往有点儿自大。我们不是在影射销售人员应该欺骗新客户，谎称公司的规模或业务范围，这样做肯定不对。LSP 不需要依靠谎言即可发挥实力和潜力。我们卖的不是骗人的东西，而是实实在在的服务。当今的语言服务行业不存在"小型本地翻译代理公司"。我们都是全球化的服务提供商，这一点很重要，不要让行业内的自卑情绪限制你公司的发展。

谈价值，不谈价格

我们之前已经讨论了多次：语言服务行业与翻译无关，而是与增值服务相关。LSP 不是仅提供翻译服务的代理商，他们还通过核心功能为顾客提供增值服务。

无论你在公司中扮演什么角色，你的工作都是提高公司的价值。如果你秉持这样的观念，无论身份、职位如何，你在语言服务行业的职业发展之路都会走得稳，走得远。从入门级翻译人员到公司 CEO，皆是如此，尤其是销售人员，秉持这个观念至关重要。尽管销售核心功能、项目管理核心功能、供应商管理核心功能所创造的价值各不相同，但销售人员的工作却更具挑战性。销售人员的工作是将这种价值展示给潜在客户，让客户理解和欣赏这一价值，借此达成更多业务合作，为 LSP 增加收入。

所以销售人员必须清楚地了解自己销售的产品或服务以及它们

创造的价值。当然，虽然在任何行业中都是如此，但我们认为在销售语言服务时，这一点更为重要。请记住，大多数顾客对我们这个行业是抱有误解的，甚至认为我们这个行业毫无价值。当汽车推销员与顾客交谈时，客户对产品有基本的了解：大家都知道汽车的各种功能以及这些功能的价值所在。车轮负责转动，发动机负责提供动力，大家都清楚这些。在销售语言服务时，顾客经常会对语言服务缺少基本的了解，所以需要销售人员进行引导和解释。

这通常会以咨询服务和信息共享的方式进行。因此，许多营销部门不辞辛苦撰写数十个博客、举办网络研讨会，以向潜在客户提供服务相关的培训，即所谓的客户教育。客户教育可以让客户对将要购买的服务更加满意，还可以展示和LSP合作的价值。销售可以通过向客户介绍解决方案来增加价值。

不过，与其尝试引导顾客寻求解决方案，更有效的方法是与客户谈论他们所面临的问题。解决方案可能很复杂，客户不一定需要完全了解个中细节。一旦客户对面临的问题有了更好的了解，就可以说服他们接受你提出的解决方案。这首先需要与客户建立信任。如果客户不知道你的具体解决方法是什么，但是选择相信你，让你解决他们的问题，那么客户必须信任你有足够的技能和经验去完成目标。举个例子，医生进行截肢手术的时候，不需要告诉病人手术的具体操作。医生只需要让患者相信两件事，即手术的必要性以及自己能够成功完成手术。

在交谈过程中始终关注价值的另一种方法就是避免谈论价格。这可能很棘手，因为许多客户在谈之前都想先知道价格。这是不成熟买家的标志。销售人员面临的挑战是避开价格不谈，而将重点放在介绍LSP所能带来的价值上。这是一种双向交流，销售人员应谈论客户的需求，直击要害，传达出其所能带给客户的价值。通过讨论客户面临的困难，销售人员可以提出有的放矢的价值定位。只有当各方都充分了解所面临的挑战和提出的增值解决方案后，才可以讨论价格。

多做询问，避免一味地介绍

直接谈论价格是本末倒置的，所以优秀的销售人员会避免这样做。在确定服务内容之前，无法讨论价格。在了解顾客的问题之前，无法确定服务内容。想要了解顾客面临的问题，LSP 必须与顾客进行商谈。这种商谈是一个发现问题的过程，LSP 必须尽其所能全面了解顾客面临的挑战，以便精准地确定增值方案。在商谈过程中，明智的销售人员不会吹嘘自己的方案。

你可能觉得上述这些操作仅在应对大型、复杂的最终客户销售时才有必要，所以这些内容仅适用于和世界顶级语言服务采购方合作的多语种 LSP。事实并非如此。实际上，无论你处在供应链的何种位置，这些商谈都是必要的。向大型多语种 LSP 提供翻译服务的单语种 LSP 可能认为没有必要询问了解顾客的困难和担忧，他们可能以为大型多语种 LSP 只对价格感兴趣。这种想法不一定是对的。

有经验的供应商经理根据最佳值寻找供应商。在供应商经理的评估中，客户会概述对供应商的期望值。比如，也许他们相比价格更重视质量，或者相比经验更重视供应商能否及时完成任务。通过向大型多语种 LSP 询问相关信息，单语种 LSP 能够了解供应商如何才能满足相关要求。这让他们能够适时改变策略，获得更多业务机会。

[漫画三格：
1. 男："协同、自动化、创新、机器学习、神经网络、思想领袖、云端、众包。"
2. 女："你只是一股脑儿说了一大串高大上的热词而已，靠这些就想让我买你的产品，你当我弱智吗？"
3. 男："人工智能加持的多通道交互数据可视化！"]

通过询问，你可以进一步了解顾客是否有相关经验，知晓顾客对自身的认知。这些实用信息有助于销售人员更深入地了解顾客，更有效地和顾客交流沟通。我们所述的买方成熟度实际上覆盖了一个比较大的范畴，从没有购买过语言服务的小白，到经验丰富的业内老手。缺少经验、不够老练的客户不了解 LSP 如何实现增值，在谈话过程中需要对其进行指导。而有经验的老道客户很清楚自己的目的，谈话时可以更偏向战略。了解语言服务行业中每个顾客的成熟度很重要，因为，不同于其他行业，你不能理所当然地认为顾客对其需要购买的商品了如指掌。

了解客户对其自身成熟度的认知也很重要。我们有许多客户自以为对语言服务了如指掌，但实际他们要么知道的信息严重不足，要么就是观点完全错误。这些顾客可能很难打交道，因为他们不愿意讨论价值，也不愿意接受供应商提出的创造更多价值的建议。他们自认为自己什么都知道，只想按价购买。同样，也有许多客户乐于承认自己在本地化方面没有经验，会谦虚地寻求 LSP 的专业意见。

顾客有小白有老手，这很正常，但是顾客可能不太清楚自己对语言服务的了解程度。通常，客户可以分为四类，如下所示。

	不成熟	成熟
自认为成熟	缺点：无法进行客户培训，客户不愿学习或者不愿接受能改善自身工作流程的新方法。 优点：就算这样的客户没有使用成熟的工作流程，他们一般也很重视本地化。你可以利用和引导他们的这种"重视"。	缺点：创新和发挥的空间小。 优点：可以保证一致性和高效率，业务马上就可以开始。
自认为不成熟	优点：需要花费大量时间才能有所成果，因为你得从零开始给客户做工作。 优点：培训和教育容易开展，大家都愿意学习和接受新事物。	缺点：客户的预期一直在变化，需要一直努力跟进，尽可能满足客户。 优点：项目和任务一般都具有挑战性，工作有干劲，总有机会取得新的建树。

在不同的销售策略中，核心原则都是询问客户以了解其需求。这一理念早已屡见不鲜。鉴于语言服务行业的性质，我们在此特别说明。如前所述，很多客户其实根本不确定自己的需求是什么。他们只知道自己面临的挑战，需要解决这些难题。这意味着顾客或潜在顾客有时可能会认为他们要买的是这个，但在你深入了解其面临的挑战和痛点之后，可能会发现他们实际上需要的是完全不一样的东西。这时，销售就可以施展拳脚，积极行动，为顾客增加价值。通过帮助顾客发现问题并提出解决方案，销售甚至可以在正式签订合同之前就为顾客增加价值。

写在最后

好吧，洋洋洒洒写了这么多。希望经过了200多页的内容，大部分读到这里的读者还愿意读下去。我们本来想写一本简短的书，但看样子不太可能实现了。老实说，我们最初想涵盖很多其他主题，但是最后都放弃了。我们解释的一些概念甚至可以进一步扩展，写成一本完整的书。

在刚开始写这本书的时候，我们提出本书要实现两个目标：保证内容有趣和保证能给读者提供所需的语言服务行业信息。

我们可以自豪地说第一个目标达成了，没毛病。我们在写这本书的过程中获得了很多乐趣，并且学到了很多东西。如果你发现本书的某些章节索然无味（我们早就给你打过预防针啦），请接受我们诚挚的歉意。我们完全理解。你花一小时阅读某个章节，我们则花了40个小时编写这一章节。总而言之，我们还是非常高兴能够坐下来花点时间分享我们的经验。

我们的第二个目标是为读者提供信息。好吧，我们其实已经尽力了。我们非常希望读者至少能收获一些有用的信息，助益他们在语言服务行业内的发展。本书提供的信息不一定对所有人都有用，但我们希望每位读者都能找到自己需要的内容。

写在最后

无论是业内资深人士还是刚刚起步的年轻企业家，无论是服务于 LSP 还是购买语言服务的客户，你在语言服务行业的"旅程"都是独一无二的。没有一本书可以给出所有的答案。语言服务行业依靠人际关系维系发展，所以大家应该多结识新朋友，多尝试与人对话；保持热情的态度，多问问题，问有意义的问题；查看你的市场影响因素评估；确定你的利基市场即市场定位，找到为语言服务行业实现增值的方法；加强组织架构建设，找到发挥自身核心功能价值的最优解；争取新客户；努力奋斗；一路学习新事物，完善你的业务流程。

无论你是谁，无论你身在何处，我们都为你感到开心。正如本书第一页上写的：欢迎来到语言服务行业！当然，我们肯定会有相遇的那一天。在此之前，一定要保持心情愉悦哦。

致 谢

本书总结了数十年来与世界各地杰出人士的互动以及积累的经验。数不胜数的思考和灵感影响并塑造了我们对这个行业的看法。

雷纳托首先想感谢一直陪伴着他的兄弟们：安杰洛（Angelo）、赫尔西奥（Helcio）和里卡多（Ricardo）。利亚纳·拉佐斯基（Liane Lazoski）是雷纳托在工作和生活中第一个也是合作时间最长的伙伴，他与雷纳托一起面对了最初也是最重要的挑战。雷纳托的阿根廷合伙人玛利亚·盖波瑞拉·莫瑞尔（Maria Gabriela Morales）梦想着在南美有所建树。堂·德帕玛（Don DePalma），一位良师益友，曾传授雷纳托如何使用分析技能，塑造了雷纳托对行业的看法。雷纳托和迈克·斯蒂文（Michael Stevens）是播客"全球口语无线广播"（Globally Speaking Radio）的联合主持人。当然，也非常感谢曾经指导和促进雷纳托进步的老板们：汤姆·波朗迪（Tom Blondi）、吉姆·李维斯（Jim Lewis）、贾帕·范·迪尔·米尔（Jaap van der Meer）和托马斯·科里斯基（Tomáš Kratochvíl。）

我们有幸与数百名人才、同事、客户、员工和领导者们一起工作，互相分享经验，学习新事物。我们实在没办法记住所有人，所以先表歉意。

致谢

Anne-Marie Colliander Lind、Fabiano Cid、Arturo Quintero、Katerina Janku、Libor Safar、Roberto Ganzerli、FrançoiseBajon、Cecilia Piaggio、William Cassemiro、Ricardo Souza、Bill Smith、Val Ivonica、Robert Sarver、Adam Asnes、Paul Danter、Mark Klco、Erik Vogt、Jon Haas、Vera Richards、Cecilia Maldonado、Tomas Brejcha、Eric Woelfel、Gianni Davico、Benjamin Sargent、Nataly Kelly、Joao Roque Dias、Anna Tatistcheff、Pavel Soukeník、Iris Orriss、Lori Thicke、Denise Spacinsky、Ulrich Henes、Michael Anobile、Vijayalaxmi Hegde、Brian Kelly、Vladimir Reiff、Shane Gretten、Hans Fenstermacher、Martin Drapal、Gabriel Karandysovsky、Tahar Bouhafs、Joe Di Damo Max Troyer、Jon Ritzdorf、Lee Densmer、Melissa C、Bottomley-Gillespie、Aki Ito、Konstantin Dranch、Rutsuko Noda DeBels、German Gallo、Tereza Dyerová、Bára Rejzková、Anna Colominas、Takao Tanaka、David Frodsham、Jochen Hummel、Cecilia Enbäck、Martin Spethman、Henri Broekmate、Paula Shannon、Daniel Goldschmidt、Marina Mikhayleva、Teresa Marshall、Jeff Guillem、Henry Liu、Tea Dictterich、Sophie C. Solomon、Fredy Gottesmann，以及丁路、毛海军、崔启亮、赵杰、邵力、曹旭东等。

最后，特别感谢 Donna Parrish 和 Luigi Muzii 对本书初稿提出的反馈意见。

词 汇 表

以下是一些术语的定义。

"宜家模式"：本流程指通过使用说明性图片替换原先的内容以减少字数，从而减少本地化成本。这一做法通过宜家发扬光大，现被视为一种可以替代翻译的服务。

AutoLQA：AutoLQA，自动化语言质量保证（automated language quality assurance）指的是可以进行完全或部分自动质量检查的软件或工具。举个例子，自动拼写检查就算是一种 AutoLQA 工具。

CAT 工具：请参阅"CAT"。

DTP：请参阅"桌面排版"。

IP：请参阅"知识产权"。

LSC：请参阅"语言服务用户"。

LSP：请参阅"语言服务提供商"。

LTP：请参阅"语言技术提供商"。

MLSP：请参阅"多语种语言服务提供商"。

MMLSP：请参阅"大型多语种语言服务提供商"。

MT：请参阅"机器翻译（MT）"。

MTPE：请参阅"机器翻译后编辑"。

QMS：请参阅"查询管理系统"。

SCMS：请参阅"供应链管理系统（SCMS）"。

SLSP：请参阅"单语种语言服务提供商（SLSP）"。

TM：请参阅"翻译记忆库"。

TMS：请参阅"翻译管理系统（TMS）"。

本地化部门：语言服务采购方的一个部门，负责内容本地化。通常，这些部门是事后才成立的，得不到很好的支持。但是，我们看到语言服务采购方的本地化部门越来越老练和成熟，意味着行业正在渐渐变化。

本地化工程师：本地化工程师通常向项目经理汇报工作，负责使用计算机辅助翻译（CAT）工具处理文件，拥有较低级别的项目管理核心功能。

查询管理系统（QMS）：指一种结构化系统。翻译过程中，当译者需要查询某一信息时，该系统可以跟踪并给出已确认正确的信息。

差异化：差异化指的是企业提供和其他竞争对手不同的服务，以形成差异优势，提升自身对潜在顾客的吸引力。

大型多语种语言服务提供商（MMLSP）：指规模很大的多语种语言服务提供商。对于大型多语种语言服务提供商，没有统一官方的分类，但通常情况下大型多语种语言服务提供商都提供着价值数百万美元的服务业务，并与业内顶级的语言服务采购方合作。

代理公司：在本书中，代理公司是指充当中介但在价值链中几乎没有增加附加值的公司。

单语种语言服务提供商（SLSP）：专攻某一语言的语言服务

提供商。通常情况下，单语种语言服务提供商为多语种语言服务提供商提供语言服务，但也可直接与语言服务采购方合作。

定价/价格：客户为购买服务所支付的金额。价格等于核心功能增加的价值加上固定利润再加上感知价值。

桌面排版：即文档、图像和其他媒体的排版。翻译人员通常使用CAT工具，而不是在文档的原本格式下进行翻译。桌面排版是本地化过程的重要组成部分，旨在确保每种语言的格式均准确无误且能吸引最终用户的注意力。

多语种语言服务提供商（MLSP）：指提供多种语言服务的语言服务提供商。通常情况下，多语种语言服务提供商直接与语言服务采购方合作。

翻译管理系统（TMS）：翻译管理系统在本地化项目周期中提供内容和文件管理。各种翻译管理系统具有不同的功能，例如内置的项目管理工具、自动化语言质量保证（AutoLQA）工具、机器翻译（MT）工具和翻译记忆库（TM）工具等。

翻译记忆库（TM）：指存有先前翻译内容的数据库，可用于自动翻译将来遇到的相似内容，减少翻译人员所需花费的时间和精力，从而减少成本。

分销渠道：请参阅"供应链"。

个人客户忠诚度：客户继续和员工个人合作而不是和公司合作的倾向。比如，如果一位项目经理离开一家语言服务提供商来到另一家语言服务提供商工作，那么之前的客户可能会继续和这位项目经理合作，从而选择和新的语言服务提供商合作。

个人品牌资产：指个人在语言服务行业内的品牌资产。这可能与个人所属的公司品牌资产有关联，但并不绝对。

更换供应商的难易程度：指买方换掉卖方的难易程度。这与"黏性"有关。

公司文化：公司文化是语言服务提供商至关重要的七个支持活动之一。公司文化是自上而下的，由高级管理层塑造。公司文化是一柄双刃剑，可以提高也可以降低公司通过核心功能增加价值的能力。

供应链：指语言服务价值链下游的公司供应商。

供应链管理系统（SCMS）：指用于管理供应链中供应商的结构化数据库。理想情况下，可以跟踪每个供应商的可用性、可靠性和净值。

供应链经理：请参阅"供应商经理"。

供应商的议价能力：供应商的议价能力是五个市场影响因素之一，指语言服务价值链中下游参与者的谈判能力。影响供应商议价能力的因素包括差异化、投入对成本和差异化的影响、替代投入、供应商集中度、员工团结度以及与其他供应商的竞争。影响供应商议价能力的因素包括差异、投入对成本和差异的影响、替代投入、供应商集中度、员工团结度以及与其他供应商的竞争。

供应商：指语言服务价值链中的服务提供商。

供应商管理（核心功能之一）：项目管理、供应商管理和销售是三大核心功能，语言服务提供商通过这些功能直接在语言服务价值链中实现价值增长。供应商管理包括通过系统化供应商管理和战略性供应商管理实现增值。供应商管理是一种功能而不是角色，因此可以由语言服务提供商的多位员工执行，并非需要由供应商经理一人承担。

供应商经理：指负责执行供应商管理核心功能的主要人员。

管理层—支持活动：可以说，管理层是所有支持活动中最重要的，其负责制定发展战略和发展愿景。

管理团队：高级管理人员负责语言服务提供商的管理和支持活动，包括制定战略、愿景和塑造公司文化。

规模经济：指通过提高服务供应量减少的成本。

果冻效应：当语言服务行业因裁员、经济衰退等原因而受到挤压时，其反而会一步扩展，就像用手挤压果冻时，从指缝间鼓出来的果冻一样。

行业竞争：属于五大市场影响因素之一。指的是语言服务行业中竞争对手的数量和性质。影响行业竞争的因素有：创新能力、营销支出、竞争策略、语言服务提供商集中度和透明度。

核心能力：请参阅"核心功能"。

核心功能："核心功能"是语言服务提供商的关键活动，可以直接在语言服务价值链中增加价值。其中包括供应商管理、项目管理和销售三大部分。核心功能由支持活动提供支持，受市场影响因素影响。

赫芬达尔—赫希曼指数（HHI）：指一种广泛接受的衡量市场集中度的方法。赫芬达尔—赫希曼指数（HHI）常用于私营部门和政府监管机构。赫芬达尔—赫希曼指数（HHI）通过对每个公司所占市场份额的平方求和，计算出行业的市场集中度。求和值的范围：约等于0（细分市场）到10 000（垄断市场）。

机器翻译（MT）：指无须人工译员辅助的计算机自动翻译技术。机器翻译在业内变得越来越普遍，但其翻译质量无法达到很多客户的要求。机器翻译是非常有用的工具，通常结合机器翻译后编辑（MTPE），可以在特定情况下提高效率。

机器翻译后编辑：指译员对机器翻译内容进行后期编辑，使其质量达到可接受的水平。

即兴供应商管理：指在没有任何计划的情况下即兴管理供应商供应链。

集成：指将自身的软件和工具和客户的软件和工具进行统一集成，这样一般可以减少人工步骤，提高效率。集成的过程可能成本高昂，困难重重，但是可以提高和客户的黏性。

计算机辅助翻译（CAT）：即计算机辅助翻译，是翻译人员用来提高生产效率的工具。CAT工具利用翻译记忆库（TM）来减少翻译工作量，也可用于维持翻译质量、保持翻译的一致性。

技术—支持活动：技术可以提高效率，助益核心功能增加更多价值。

价值：这里的价值指通过语言服务价值链提供的收益。价值链中的每个供应商都通过核心功能增加价值。

间接下属：指的是间接向某人汇报工作的团队成员。比如，可能没有员工会正式向项目经理汇报工作，但是项目经理仍然需要依靠团队成员来管理项目。被项目经理委托工作的团队成员即为他的间接下属。

财务—支持活动：财务负责管理金融资产，促进企业扩展和健康增长。

净值：根据供应商不同需求（如价格、时效性和质量）的优先等级来计算净值。在最佳值评估期间，将净值乘以每个类别的价值乘数，以选出每个特定项目的最佳供应商。

顾客的议价能力：顾客的议价能力是五个市场影响因素之一，指语言服务价值链中顾客的谈判能力。影响顾客议价能力的因素包括：信息可用性、更换供应商的成本、买方的集中度、行业规模、买方对价格的敏感度、竞争以及替代产品的可用性。

客户管理：客户管理、营销和销售是销售核心功能下的三个主要活动之一。客户管理侧重于与现有客户保持关系并发展业务。

利基市场：语言服务提供商在语言服务行业中的专攻领域。由于行业的多样性，语言服务提供商有很多方法可以树立自身的特色，提升在某一领域的竞争力。

品牌资产：品牌资产是品牌知名度和品牌口碑的结合。

品牌口碑：人们对公司品牌或好或坏的看法。

品牌知名度：即指公司在行业内的知名度。

品牌忠诚度：当顾客乐于继续与某个供应商合作，忠诚度指的是顾客对供应商的忠诚度，不是对供应商员工的忠诚度。

签约译员：即 CLP，contract language professional。签约译员是语言服务行业从业者，为自己工作，通常会将其服务出售给语言服务提供商。目前，最常见的 CLP 是翻译人员，但是自由职业者或签约短期合同的人都可以是承包方。测试人员、工程师以及顾问等都可以被称为 CLP。

区域性多语种语言服务提供商（RMLSP）：属于多语种语言服务提供商的一种，主要给某一特定地区或部分语言提供服务。

人力资源（HR）：人力资源（和设施属于同一个分组）是七项支持活动之一。人力资源负责提供开展核心功能所需的全球人力资源。

设施—支持活动：设施（和人力资源属于同一个分组）负责保持、运营公司在全球的知名度以及相关的基础设施，负责提供全球人力资源来帮助公司通过核心功能增加价值。通过与人力资源密切合作，确保各地分公司在进行业务之前都能充分考虑当地法规。

营销：营销和客户管理一样，都是销售核心功能的关键活动。营销负责寻找新客户、教育潜在客户有关语言服务的知识。

市场影响因素：市场影响因素这一概念基于迈克尔·波特（Michael Porter）在《哈佛商业评论》上发表的一篇文章，名为"塑造战略的五种力量"。包括新进入者威胁、替代品威胁、买家议价能力、供应商议价能力及行业竞争。

市场影响因素评估：指对五大市场影响因素进行分析，以确定语言服务行业中某个公司面临的风险和机遇。要做出明智决策，则必须进行这一评估，进而妥善安排支持活动以实现核心功能创造价值的最优解。

特定值乘数（SVM）：最佳值评估期间确定的每个类别加权后的重要性。

替代品：指不属于语言服务行业但可能会取代传统语言服务的服务。例如机器翻译、众包、自动化、人工智能和宜家模式。

替代品威胁：属于五大市场影响因素之一。指客户将现有服务替换为行业外其他服务的威胁（请参阅"替代品"）。其受到不少因素的影响，包括：替代品的可用性、服务的质量和性质、替代品的价格、转换成本、替代品的难易程度以及替代的意愿及语言服务提供商的影响力。

外包：企业可以把非核心业务外包出去。语言服务行业有很多外包业务（请参阅"语言服务价值链"）。核心功能是语言服务提供商唯一不能外包的业务。

外部团队：指来自语言服务提供商外部、供应链下游的团队。

系统化供应商管理：指供应商管理的一种形式，主要负责组织结构和计划。系统化供应商管理实现增值的方式主要包括：让语言服务提供商进行最佳值评估、为销售漏斗中的新客户做好准备、与供应链进行价格协商、更好地响应客户的需求。

项目管理：项目管理、供应商管理和销售是三大核心功能，语言服务提供商通过这些功能直接在语言服务价值链中实现价值增长。项目管理包括人力资源管理、时间管理、技术管理和资金管理。项目管理是一种功能而不是角色，因此可以由语言服务提供商的多位员工执行，并非需要由项目经理一人承担。

销售行为：营销、销售和客户管理三者都是销售核心功能的关键活动。营销负责寻找新客户、教育潜在客户即帮助客户了解语言服务。

销售：项目管理、供应商管理和销售是三大核心功能，语言服务提供商通过这些功能直接在语言服务价值链中实现价值增长。销售包括营销、销售和客户管理，通过客户教育、客户沟通和客户咨询来实现增值。销售是一种功能而不是角色，因此可以由语言服务提供商的多位员工执行，并非需要由销售人员一人承担。

销售人员：指负责进行销售活动，即执行部分销售核心功能的人员。销售人员的职责也各不相同，可能也会涉及营销和客户管理。

小镇效应：语言服务行业就像一个小镇，大家都彼此了解，没有什么秘密。

新进入者威胁：属于五大市场影响因素之一。也被称为进入壁垒，指新公司直接参与客户竞争所带来的威胁。其受到不少因素的影响，包括：知识产权、政府影响力和政策、品牌资产、客户忠诚度、更换供应商的难易程度、差异化、规模经济、盈利能力和投资成本。

用户界面（UI）：（"用户界面（UI）本地化"和"软件本地

化"通常是等同的）。

黏性：顾客对供应商的依赖程度。黏性可能是由顾客忠诚度、更换供应商的高成本、高集成度或许多其他因素引起的。

语言服务提供商（LSP）：通用术语，指语言服务行业内提供语言服务的公司。语言服务提供商（LSP）这个术语也可以指下属的子类别，如单语种语言服务提供商（SLSP）、多语种语言服务提供商（MLSP）、区域性多语种语言服务提供商（RMLSP）和大型多语种语言服务提供商（MMLSP）。

语言服务价值链：语言服务价值链是买方和供应商之间相互联系的网络，包含各类分支，其共同为最终客户提供语言服务。语言服务价值链中的每个供应商都通过其核心功能在每个阶段逐步增加价值，直至交付给最终客户（语言服务采购方）。

语言服务用户（LSC）：指语言服务的最终用户。有时语言服务用户和语言服务采购方是同一方，但一般情况下，语言服务用户是语言服务采购方的客户。

语言技术提供商（LTP）：指专门开发用于语言服务行业的技术和软件的公司，例如机器翻译、计算机辅助翻译、项目管理软件、自动语言质量保证工具等。

战略性供应商管理：指系统化供应商管理和即兴供应商管理的结合，让语言服务提供商可以提前准备和计划，以保证灵活应对不断变化的客户需求。

战略性即兴供应商管理：指具有结构和流程的即兴供应商管理，让语言服务提供商可以有条理地应对新的业务需求。

政府影响力：指地方政府对企业造成的影响的程度和类型。政府与商业相关的政策因国家、地区而异。

支持活动：支持活动是在市场影响因素评估的背景下确定的，主要功能是使语言服务提供商的风险最小化、机会最大化，并通过三大核心功能优化增值的能力。语言服务提供商的支持活动分为七个，分别是管理、结构、文化、财务、设施/人力资源、技术和质量保证。

知识产权：指提升公司竞争力的无形资产。包括创意、观点、工作流程、软件、专有工具、版权等。

直接下属：指的是直接向某人汇报工作的团队成员。比如，一个项目经理有五个直接下属，这意味着他不仅可以管理这五个人来完成项目工作，而且还具有雇用、解雇和实施绩效改进计划的权力。

质量保证—支持活动：保证译文信息的一致性，确保交付成果满足顾客的要求。

专业雇主组织（PEO）：可用于在不同国家和地区雇用本地员工，无须按照当地劳动法在当地建立企业实体或账户。

投资成本：在语言服务行业成立新公司所需的总费用。

自由职业者：请参阅"CLP"。

结构—支持活动：语言服务提供商的组织结构，使其可以在企业发展过程中利用规模经济。

最佳值：最佳值指的是通过不同因素为某一项目增加的净值，这些因素是依据项目需求和所有实际与潜在成本来权衡确定的。